U0824744

国家级实验示范中心配套教材

微生物学实验

杨民和　主编

科 学 出 版 社
北　京

内 容 简 介

本书共分八章，第一章介绍微生物的个体形态观察；第二章为微生物的分离和纯培养；第三章为微生物的生长和数量的测定；第四章为微生物的生理生化反应；第五章为微生物的遗传与育种；第六章为细菌的血清学鉴定；第七章为分子微生物学基础；第八章为应用微生物学实验，总计 61 个实验。最后为附录，包括常用微生物名称、常用培养基配方、常用试剂和溶液的配制、常用染色液和配制等。

本书为大学本科微生物学实验教材，供高等学校生物科学、生物技术、生物工程、发酵工程、植物科学和生产类各专业学生及科研、生产单位相关人员参考。

图书在版编目(CIP)数据

微生物学实验 / 杨民和主编. —北京：科学出版社，2012.7
国家级实验示范中心配套教材

ISBN 978-7-03-034716-9

I. ①微… II. ①杨… III. ①微生物学－实验－高等学校－教材 IV. ①Q93.33

中国版本图书馆CIP数据核字(2012)第121876号

责任编辑：陈 露 封 婷 刘 晶 / 责任校对：何艳萍
责任印制：刘 学 / 封面设计：殷 靓

科学出版社出版
北京东黄城根北街 16 号
邮政编码: 100717
http://www.sciencep.com
广东虎彩云印刷有限公司印刷
科学出版社编务公司排版制作
科学出版社发行 各地新华书店经销
*
2012 年 7 月第 一 版 开本：B5 (720 × 1000)
2022 年 1 月第十六次印刷 印张：11 1/4
字数：208 000

定价：35.00 元

(如有印装质量问题，我社负责调换)

《微生物学实验》编辑委员会

主　编　杨民和

副主编　龙中儿　郑　毅

编　委　(按姓氏笔画排序)

龙中儿　付学琴　刘春雷　汤鸣强

杨民和　吴文林　张丹凤　林标声

易　龙　周　强　郑　毅　黄运红

黄鹭强　蒋咏梅　游清徽

前　言

微生物学作为一门学科，起源于人类长期的生产实践，对于与酿造工业、医学、农业和人类日常生活相关的微生物学问题的关注，特别是显微镜和纯培养技术的发明与使用，是微生物学创立的基础。因此，微生物学是一门实践性非常强的学科，微生物学的实验操作技术是该学科的重要组成部分。随着科学的发展，微生物学实验技术积极地向其他学科广泛渗透，为遗传学、生物化学、分子生物学和生物技术等现代学科的发展做出了重要的贡献。生命科学类专业的学生只有在学习微生物学基本理论的基础上，全面、系统地学习、掌握和实践微生物学相关的实验操作技能，才能更好地学习和理解其他学科的知识，并将生物学理论和技术应用到科学研究与生产实际中去。

在当前的师范院校中，既有像生物科学这样的师范类专业，又有像生物技术、生物工程和发酵工程一类的非师范专业。在师范院校的课程设置中，微生物学是一门专业基础课，但各个专业在对微生物学教学内容的要求上不尽相同。因此，在实验内容的选择上，本书偏重于基础实验技术，强化微生物学的基本实验技能，力求训练和提高学生实际应用微生物学理论与技术的能力。同时，为适应新形势的要求，培养学生的综合素质和创新能力，本书也安排了分子微生物学和应用微生物学的实验内容。各单位可以根据自己的实际条件和教学要求，选做相应的实验内容，并可以将相关的实验综合起来，组织研究型实验内容。

本书共分8章61个实验，包括：微生物的形态观察、分离和纯培养、生长和数量的测定、生理生化反应、遗传与育种、血清学鉴定、分子微生物学和应用微生物学等。每个实验列出实验原理、目的要求、实验器材、方法和步骤、结果与分析、注意事项和思考题等内容。书后有附录和参考资料。

2008年，福建师范大学生命科学学院获批建设“国家级生物学实验教学示范中心”，《微生物学实验》作为国家级实验教学示范中心的配套教材之一，一直得到张彦定教授和陈寅山教授的鼓励与帮助；参编单位给予了积极的协作和配合，科学出版社给予了大力的支持。在此，谨向以上单位和个人表示衷心的感谢！

参与本书编写的成员来自福建、江西两省的部分师范院校，均为微生物学教学和科研的第一线骨干教师。本书的编写，既有我们教学和科研经验的总结，也参考了国内兄弟院校编写的实验教材。鉴于我们的业务水平有限，真诚地希望老师和同学们在使用的过程中，对书中的不足之处加以指正。

编　者

2012年3月

目　录

第一章　微生物的个体形态观察

实验1　细菌的简单染色及形态观察

【实验原理】

细菌菌体微小且透明，在光学显微镜下，特别是在油镜下，菌体与背景没有显著的明暗差，很难看清菌体形态。若菌体染色，则菌体折光率增大，其形态易于观察。

细菌染色的染料是一类苯环上含有发色基团和助色基团的化合物。发色基团使化合物具有染色能力；助色基团有电离特性，可以与被染物结合，使被染物着色。染色的染料分为碱性染料、酸性染料和中性染料三大类。碱性染料带正电荷，能和带负电荷的物质结合。因细菌蛋白的等电点较低，当它生长于中性、碱性或弱酸性的溶液中时常带负电荷，所以通常采用美蓝、结晶紫、碱性复红或孔雀绿等碱性染料使其着色。酸性染料带负电荷，能与带正电荷的物质结合。当细菌分解糖类产酸使培养基 pH 下降时，细菌所带正电荷增加，易被伊红、刚果红或酸性复红等酸性染料着色。中性染料又称复合染料，是前两类染料的结合物，如伊红美蓝、伊红天青等。

简单染色法是利用单一染料对细菌进行染色以显示其形态的一种方法。该方法操作简便，适于观察细菌的一般形状及排列，但不能辨别细菌细胞的构造。

【实验目的和要求】

1. 了解简单染色法的基本原理，并掌握其操作方法；
2. 掌握油镜的使用及无菌操作技术；
3. 初步认识细菌的形态特征。

【实验器材】

1. 菌种

大肠杆菌(*Escherichia coli*)、金黄色葡萄球菌(*Staphyloccocus aureus*)。

2. 染色液

碱性美蓝染液、结晶紫染液。

3. 器材

显微镜、酒精灯、载玻片、接种环、香柏油、二甲苯、生理盐水、擦镜纸等。

【实验方法与步骤】

简单染色法的基本程序如下：

涂片 → 干燥 → 固定 → 染色 → 水洗 → 干燥 → 镜检

1. 涂片

在干净的载玻片中央滴加一小滴生理盐水或用接种环挑 3 或 4 环生理盐水，然后在无菌操作条件下，用接种环从斜面上挑取少量菌种于载玻片上的生理盐水中，混匀并涂成薄膜，涂布面积为 1~1.5cm^2。

2. 干燥

涂片可以放在空气中自然干燥；若要使干燥速度加快，可在酒精灯上方加温，但勿紧靠火焰。

3. 固定

待涂片干燥后，手持涂片一端，有菌膜的一面向上，在酒精灯火焰上通过 2 或 3 次，待冷却后，再加染料。

4. 染色

将涂片水平放置，在菌膜部位滴加染色液(以恰好覆盖菌膜为宜)，染色 1~2min。

5. 水洗

倾去染液，斜置涂片，用细水流的自来水冲洗(切勿用自来水直接冲洗菌膜部位)，直至洗下水呈无色为止。

6. 干燥

将水洗的涂片放在空气中晾干或用吸水纸吸干，注意不要擦擦菌体。

7. 镜检

待涂片干燥后，先用低倍镜观察，再用高倍镜观察，找出适当的视野后，将高倍镜转出，在菌膜部位上加香柏油一滴，然后将油镜头浸入油滴中仔细调焦观察细菌的形态。镜检完成后，用擦镜纸滴加二甲苯 1~2 滴，擦干净油镜镜头上残留的香柏油，保持镜头的干净。

【结果与分析】

绘制大肠杆菌和金黄色葡萄球菌的菌体形态图。

【注意事项】

1. 涂片时，生理盐水及菌体不宜过多，涂片要均匀，不宜过厚。

2. 水洗时，水流不宜过大、过急，以免涂片薄膜脱落。

3. 热固定时温度不宜过高(以玻片背面不烫手为宜)，否则会改变甚至破坏细胞形态。

【思考题】

1. 为什么染色前需要进行菌体固定？

2. 为什么固定时只能微加热？若加热温度过高、时间过长，会出现什么问题？

3. 为什么要待涂片完全干燥后才能使用油镜进行观察?

4. 为什么镜检完成后必须清除残留在油镜镜头上的香柏油？

实验 2　细菌的革兰氏染色法

【实验原理】

革兰氏染色反应是细菌分类和鉴定的一个重要特征，它是 1884 年由丹麦医生 C. Gram 创立的。革兰氏染色法(Gram stain)不仅能观察到细菌的形态，而且还可将细菌分为染色反应呈蓝紫色的革兰氏阳性(G^+)菌，染色反应呈红色的革兰氏阴性(G^-)菌。细菌对于革兰氏染色的不同反应，是由它们细胞壁的成分和结构不同而造成的。革兰氏阳性菌的细胞壁主要是由肽聚糖形成的网状结构组成的，在染色过程中，当用乙醇处理时，由脱水而引起网状结构中的孔径变小，通透性降低，使结晶紫-碘复合物被保留在细胞内而不易脱色，因此，呈现蓝紫色；革兰氏阴性菌的细胞壁中肽聚糖含量低，而脂类物质含量高，当用乙醇处理时，脂类物质溶解，细胞壁的通透性增加，使结晶紫-碘复合物易被乙醇抽出而脱色，然后又被染上了复染液(番红)的颜色，因此呈现红色。

【实验目的和要求】

1. 了解革兰氏染色法的原理及其在细菌分类鉴定中的重要性;

2. 掌握革兰氏染色方法。

【实验器材】

1. 菌种

培养 18~24h 的大肠杆菌(*Escherichia coli*)、金黄色葡萄球菌(*Staphyloccocus aureus*)、待测菌一种。

2. 药品

乙二酸铵结晶紫染液、卢戈氏(Lugol)碘液、95%乙醇、番红复染液、无菌水。

3. 用具

载玻片、接种环、镊子、酒精灯、火柴、洗瓶、废液缸、吸水纸、显微镜等。

【实验方法与步骤】

1. 涂片

将培养 18~24h 的 3 种菌分别用接种环涂 3 条带于清洁载玻片上(注意涂片不宜过厚)，风干、固定(通过火焰 1 或 2 次即可，不可过热，以载玻片不烫手为宜)。

2. 染色

(1) 初染：滴加乙二酸铵结晶紫染液覆盖涂菌带，染色 1~2min，水洗至洗出液无色。

(2) 媒染：滴加卢戈氏碘液冲去残水，并覆盖约 1.0min，水洗至洗出液无色。

(3) 脱色：将载玻片上面的水用吸水纸吸干，在白色背景下滴加 95%乙醇洗至洗出液无色时(20~30s)，立即用水洗去乙醇，用吸水纸吸干。

(4) 复染：用复染剂(番红)染色 10s，水洗。

(5) 镜检：吸干或风干后，油镜观察。

【结果与分析】

实验结果革兰氏阴性菌呈红色，革兰氏阳性菌呈紫色。检视实验中 3 种菌各染成什么颜色？它们是革兰氏阴性菌还是革兰氏阳性菌？将实验结果记录在表 2-1 中。

表 2-1　革兰氏染色结果

菌名	菌体颜色	菌体形态	鉴定结果(G^+/G^-)
大肠杆菌			
金黄色葡萄球菌			
待测菌			

【注意事项】

1. 染液要求新配制，放置时间不宜过长，卢戈氏碘液易褪色失效，必须装在棕色试剂瓶内并放于暗处保存。

2. 革兰氏染色的关键在于严格掌握 95%乙醇脱色程度，如脱色过度，则阳性菌可被误染为阴性菌；而脱色不够时，阴性菌可被误染为阳性菌，因此脱色时间一定要把握好。

3. 菌龄也影响染色结果，如阳性菌培养时间过长，或已死亡及部分菌已自行溶解，都常呈阴性反应，因此一定要确保实验菌的菌龄。

【思考题】

1. 革兰氏染色中涂片为什么不宜过厚？染色成败的关键步骤是哪一步？

2. 对未知菌种进行革兰氏染色时，如何保证染色技术操作正确、结果可靠？

实验 3　细菌的芽孢染色

【实验原理】

芽孢为某些细菌细胞在不良的环境条件下产生的休眠体，芽孢壁厚、透性低、不易着色，而一旦染上颜色以后难以脱色。

芽孢染色主要是利用不同的染料进行染色，使芽孢和营养体呈不同的颜色。在加热条件下，用着色力强的染料对芽孢进行染色，菌体也会着色，然后水洗，芽孢染上的颜色难以被洗脱，而菌体会脱色。然后用对比度大的复染剂对菌体染色，菌体染上复染剂颜色，芽孢仍为原来的颜色，因而能更明显地衬托出芽孢，便于观察。

【实验目的和要求】

1. 学习并掌握细菌的芽孢染色法；
2. 了解并观察细菌芽孢的结构和形态。

【实验器材】

1. 菌种

枯草芽孢杆菌(*Bacillus subtilis*)、生孢梭菌(*Clostridium sporogenes*)，在适宜的生长温度下培养20h。

2. 药品

5%孔雀绿水溶液、0.5%番红水溶液、二甲苯、香柏油、蒸馏水、95%乙醇。

3. 用具

显微镜、接种环、酒精灯、载玻片、擦镜纸、吸水纸等。

【实验方法与步骤】

1. 制片

取清洁载玻片，在中央滴一滴蒸馏水，用接种环无菌操作从枯草芽孢杆菌斜面上挑一环菌置于载玻片液滴上，小液滴呈混浊状即可，并按常规方法干燥、固定(每隔几秒在酒精灯火焰上过一次)。

2. 加热染色

往载玻片滴加数滴5%孔雀绿水溶液覆盖涂菌部位，用夹子夹住载玻片在微火上加热至染液冒蒸汽(此时计时)并维持5.0min，加热时注意补充染液，勿让涂片干涸。

3. 脱色

待玻片冷却后，用缓流自来水冲洗至流出水无色为止。

4. 复染

用0.5%的番红水溶液复染1.5~2.0min。

5. 水洗

用缓流自来水冲洗至流出水无色为止。

6. 镜检

待载玻片自然干燥后(可在酒精灯火焰上每隔几秒过一次)油镜镜检，观察芽孢的形态。

【结果与分析】

按表3-1记录实验结果。

表 3-1 细菌芽孢形态记录表

菌种＼项目	菌体颜色	芽孢颜色	芽孢形状及着生位置
枯草芽孢杆菌			
生孢梭菌			

【注意事项】

1. 芽孢染色用的菌种应控制菌龄，幼龄菌尚未形成芽孢，老龄菌芽孢囊破裂。

2. 从试管中取菌液时，应先用接种环充分搅拌，然后再挑取菌液，否则菌体沉于管底，涂片时菌体太少。

3. 对芽孢进行孔雀绿染色后，一定要等玻片冷却后方可用水冲洗。

【思考题】

1. 芽孢染色法为什么需要加热？加热染色时为什么必须维持在染液微冒蒸汽的状态？

2. 脱色反应中，为什么必须用缓流自来水冲洗？

实验 4 细菌的鞭毛染色及运动性观察

【实验原理】

鞭毛是细菌的运动“器官”，细菌是否具有鞭毛，以及鞭毛着生位置和数目是细菌分类鉴定的重要依据之一。细菌的鞭毛一般都很纤细，其直径通常为10~20nm，除了很少数能形成鞭毛束(由许多根鞭毛构成)的细菌可以用相差显微镜直接观察到鞭毛束的存在外，细菌的鞭毛一般均不能用光学显微镜直接观察到，而只能用电子显微镜观察。光学显微镜观察细菌鞭毛，必须用鞭毛染色法。

鞭毛染色方法很多，但其基本原理相同，即在染色前先用媒染剂处理，使它沉积在鞭毛上，从而使鞭毛直径加粗，然后再进行染色。常用的媒染剂由单宁酸和氯化高铁或钾明矾等配制而成。本实验主要介绍硝酸银染色法和改良的 Leifson 染色法，前一种方法更容易掌握，但染色剂配制后保存期较短。

在显微镜下观察细菌的运动性，可以初步判断细菌是否具有鞭毛。通常使用压滴法或悬滴法观察细菌的运动性。与鞭毛染色法相比，该方法可以较快速、简便地判断细菌是否具有鞭毛。观察时，要适当减弱光强度以增强反差，若光线太强，细菌和周围的液体难以区分。

压滴法是指将菌悬液滴在普通的载玻片上，然后盖上盖玻片，置于光学显微镜下观察。悬滴法则是将菌悬液滴在洁净的盖玻片中央，在其周边涂上凡士林，然后将它倒盖在有凹槽的载玻片中央，置于光学显微镜下观察。鞭毛细菌可做直线、波浪式或翻滚运动，细菌之间会出现明显的位移。

大多数球菌不生鞭毛，杆菌中有的有鞭毛有的无鞭毛，弧菌和螺菌几乎都有鞭毛。有鞭毛的细菌在幼龄时具有较强的运动力，衰老的细菌鞭毛易脱落，故观察时宜选用幼龄菌体。

【实验目的和要求】

1. 掌握细菌鞭毛染色法，并观察细菌鞭毛的形态特征；

2. 掌握压滴法和悬滴法并观察细菌的运动性。

【实验器材】

1. 菌种

枯草芽孢杆菌(*Bacillus subtilis*)、假单胞杆菌(*Pseudomonas* sp.)、大肠杆菌(*Escherichia coli*)、金黄色葡萄球菌(*Staphyloccocus aureus*)。

2. 染色液

硝酸银染色液、Leifson 染色液、0.01%美蓝水溶液。

3. 器材

显微镜、酒精灯、凹载玻片、盖玻片、载玻片、接种环、香柏油、二甲苯、擦镜纸、凡士林、吸水纸等。

【实验方法与步骤】

1. 鞭毛染色技术

(1) 硝酸银染色法

1) 载玻片清洗：首先选择光滑无裂痕的载玻片，并将载玻片置洗衣粉溶液中，煮沸 20min，然后取出用自来水冲洗、晾干，最后将沥干的载玻片置于 95%乙醇中，取出后在酒精灯火焰上烧去乙醇，并用擦镜纸擦拭干净。若将水滴滴在载玻片上，水能均匀散开，则表明载玻片光滑、干净。

2) 菌种的准备：用于染色的菌体一般采用对数生长期的细菌，菌龄较老的菌株容易失落鞭毛。菌种通常先活化，再传代培养 3~5 次，以增强细菌的运动力，最后一代的菌体培养 12~16h 待用。

3) 菌液的制备：首先用接种环挑取菌种数环，移至含 1ml 无菌生理盐水的试管中，使菌液呈轻度混浊，然后将试管放在 37℃培养箱中静置 10min(放置时间不宜太长，否则鞭毛会脱落)，促使幼龄菌的鞭毛松展开。

4) 制片：吸取少量菌液滴在干净载玻片的一端，立即将载玻片倾斜，使菌液缓慢地流向另一端，用吸水纸吸去多余的菌液。涂片于空气中自然干燥，干燥后应尽快染色，放置时间不宜过长。

5) 染色：涂片干燥后，滴加硝酸银染色 A 液覆盖 3~6min，后用蒸馏水充分洗去 A 液，再用 B 液冲去残水，后再加 B 液于载玻片上，维持 30~60s，当涂面出现明显褐色时，立即用蒸馏水冲洗。若加 B 液后显色较慢，可用微火加热(加热时应随时补充蒸发掉的染料，不可使载玻片出现干涸区)，直至显褐色时，立即水洗，自然干燥。

6) 镜检：先用低倍镜，再用高倍镜，最后用油镜观察。观察时，可从载玻片的一端逐渐移至另一端，有时只在涂片的一定部位观察到鞭毛。观察到的菌体呈深褐色，鞭毛显褐色，通常呈波浪形。

(2) 改良的 Leifson 染色法

1) 载玻片的清洗、菌种的准备和菌液的制备方法同上。

2) 制片：用记号笔在载玻片反面将玻片分成 3~4 个等分区，在每一小区的一端滴一小滴菌液。将玻片倾斜，让菌液流到小区的另一端，用吸水纸吸去多余的菌液。室温或 37℃干燥。

3) 染色：加 Leifson 染色液覆盖第一区的涂面，隔数分钟后，加染液于第二涂面，如此继续染第三、四区。间隔时间自定，其目的是为了确定最佳染色时间。在染色过程中仔细观察，当整个玻片都出现铁锈色沉淀、染料表面现出金色膜时，即直接用水轻轻冲洗(不要先倾去染料再冲洗，否则背景不清)。染色时间大约 10min，自然干燥。

4) 镜检：先用低倍镜，再用高倍镜，最后用油镜观察。菌体和鞭毛均呈红色。

2. 运动性观察

载玻片的清洗、菌种的准备和菌液的制备方法同鞭毛染色法。

(1) 压滴法

1) 制片：在干净的载玻片上加一滴无菌生理盐水，挑取一环菌液与水混合，再加一环 0.01%的美蓝水溶液与其混合均匀。用镊子取一干净的盖玻片，使其一边与菌液边缘接触，然后将盖玻片慢慢放下盖在菌液上。观察专性好氧菌时，可在放盖玻片时压入小气泡，以防止细菌因缺氧而停止运动。

2) 镜检：先用低倍镜找到视野，再用高倍镜观察。若用油镜观察，盖玻片厚度不能超过 0.17nm，换镜时要小心，以免压碎盖玻片、损伤镜头。观察时在略暗的光线下进行，即适当缩小光圈或降低聚光器以增大反差，从而便于观察。镜检时要注意辨别是细菌的运动还是分子运动，前者在视野下可见细菌自一处游动至他处，而后者仅在原处左右摆动。细菌的运动速度依菌种不同而异，应仔细观察。

(2) 悬滴法

1) 涂凡士林：取干净凹载玻片，在其四周涂少许凡士林，见图 4-1。

2) 加菌液：在盖玻片中央滴一小滴菌液。为便于在观察时寻找菌液位置，可用记号笔在菌液周围画上记号。菌液不能加得太多，为了便于观察，也可用接种环挑取一环菌液于盖玻片中央。

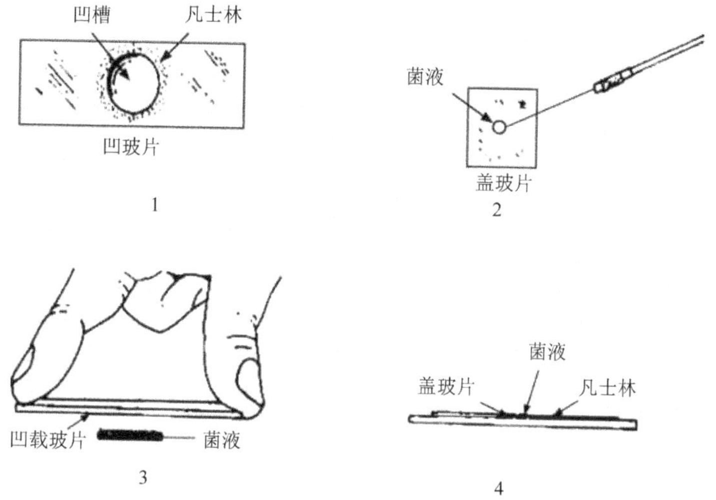

图 4-1　悬滴法制片的步骤

3) 盖凹载玻片：将凹载玻片的凹槽对准盖玻片中心的菌液，并轻轻盖在盖玻片上。轻轻按压使盖玻片与凹载玻片黏合在一起，把液滴封闭在小室中。翻转凹载玻片，使菌液滴悬在盖玻片下并位于凹槽中央。注意菌液不能加得过多，否则菌液就会流到凹载玻片上面影响观察。

4) 镜检：同压滴法。

【结果与分析】

1. 绘制细菌鞭毛形态图。

2. 绘制细菌的形态图，并用箭头表示其运动方向。

【注意事项】

1. 染色用载玻片干净无油污是鞭毛染色成功的先决条件。

2. 检查细菌运动的载玻片和盖玻片都要干净无油污，否则将影响细菌的运动。

3. 注意菌种菌龄，菌龄较老的菌种容易失落鞭毛，且由于细菌鞭毛极细，很易脱落，在整个操作过程中，必须仔细小心，以防鞭毛脱落。

4. 硝酸银染色法比较容易掌握，但染色液必须现配现用，不能存放。

5. B 液的染色时间是鞭毛染色的关键环节。

6. 若使用油镜观察，应在盖玻片上加香柏油一滴。

【思考题】

1. 你所观察的 4 种细菌是否都具有鞭毛?是否都能运动?鞭毛与运动性之间是否有相关性?

2. 利用鞭毛染色法准确鉴定细菌是否具有鞭毛时，应该注意哪些环节?

3. 悬滴法中，为什么要涂凡士林?为什么加的菌液不能太多?如果发现显微镜视野内大量细菌向一个方向流动，你认为是什么原因造成的?

实验 5　放线菌的形态观察

【实验原理】

放线菌是指能形成分枝丝状体或菌丝体的一类革兰氏阳性菌。常见放线菌大多能形成菌丝体，紧贴培养基表面或深入培养基内生长的菌丝称为基内菌丝。基内菌丝生长到一定阶段向空气中生长出气生菌丝，并进一步分化产生孢子丝及孢子。在显微镜下观察时，气生菌丝在上层、颜色较暗，基内菌丝在下层、颜色较透明。孢子丝依细菌种类的不同而不同，呈螺旋形、波浪形或分枝状等。孢子常呈圆形、椭圆形或杆形等。气生菌丝及孢子的形状和颜色常作为放线菌分类鉴定的重要依据之一。

放线菌菌丝一般由基内菌丝、气生菌丝和孢子丝组成，制片时不采取涂片法，以免破坏细胞及菌丝体形态，通常采用插片法、玻璃纸法或印片法结合菌丝体简单染色进行观察。在插片法中，首先将灭菌盖玻片插入接种有放线菌的平板，使放线菌沿盖玻片和培养基交接处生长而附着在盖玻片上，取出盖玻片可直接在显微镜下观察放线菌在自然生长状态下的形态特征，而且有利于对不同生长时间的放线菌形态进行观察。在玻璃纸法中，采用的玻璃纸是一种透明的半透膜，将放线菌菌种接种在覆盖有玻璃纸的固体培养基表面，水分及小分子营养物质可透过玻璃纸被菌体吸引利用，而菌丝不能穿过玻璃纸与培养基分离，观察时只要揭下玻璃纸转移到载玻片上，即可镜检观察。在印片法中，将放线菌菌落或菌苔表面的孢子丝印在载玻片上，经简单染色后观察。

【实验目的和要求】

1. 掌握观察放线菌形态的基本方法;
2. 了解放线菌的个体形态特征。

【实验器材】

1. 菌种

细黄链霉菌(*Streptomyces microflavus*)。

2. 培养基

高氏 I 号琼脂培养基。

3. 染色液

吕氏碱性美蓝染液。

4. 器材

显微镜、酒精灯、载玻片、培养皿、镊子、玻璃纸、玻璃涂棒、接种环、香柏油、二甲苯、擦镜纸等。

【实验方法与步骤】

1. 插片法

(1) 高氏Ⅰ号琼脂培养基的制备及灭菌

准确称取高氏Ⅰ号琼脂培养基，加蒸馏水溶解，定容并分装，在121℃条件下灭菌20min。

(2) 倒平板

取出灭菌的培养基，冷却到50℃左右，再倒平板。

(3) 接种

用接种环挑取菌种斜面培养物(或孢子)在琼脂平板上密集划线接种。

(4) 插片

无菌操作，用镊子取灭菌盖玻片，在已接种平板上以45°角斜插入培养基内(盖玻片与接种线垂直为宜)。

(5) 培养

将平板放置于28℃培养箱中培养5~7天。

(6) 镜检

用镊子小心取出盖玻片，用擦镜纸擦去背面培养物，菌面朝上放在载玻片上，用低倍镜和高倍镜镜检观察(若不清晰，则取一滴美蓝染色液置于载玻片中央，菌面朝下，浸在染色液中，再用高倍镜观察)。

2. 玻璃纸法

(1) 高氏Ⅰ号琼脂培养基的制备及灭菌

准确称取高氏Ⅰ号琼脂培养基，加蒸馏水溶解，定容并分装，在121℃条件下灭菌20min。

(2) 倒平板

取出灭菌的培养基，冷却到50℃左右，再倒平板(每皿10~15ml)。

(3) 玻璃纸灭菌

无菌操作，用镊子将已灭菌(155~160℃)的玻璃纸(剪成盖玻片大小)平铺在平板表面，用无菌玻璃棒将玻璃纸压平并去除气泡，每个平板可铺约10块玻璃纸。

(4) 接种

无菌操作，挑取菌种在玻璃纸上划线接种。

(5) 培养

将平板倒置于28℃培养箱中培养5~7天。

(6) 镜检

在载玻片中央滴一小滴生理盐水，用镊子小心取出玻璃纸片，菌面朝上放在水滴上，使其紧贴在载玻片上，勿留气泡，用低倍镜和高倍镜镜检。

3. 印片法

(1) 高氏 I 号琼脂培养基的制备及灭菌

准确称取高氏 I 号琼脂培养基，加蒸馏水溶解，定容并分装，在 121℃条件下灭菌 20min。

(2) 倒平板

取出灭菌的培养基，冷却到 50℃左右，再倒平板。

(3) 接种

用接种环挑取菌种斜面培养物(或孢子)在琼脂平板上密集划线接种。

(4) 培养

将平板倒置于 28℃培养箱中培养 5~7 天。

(5) 印片

用接种铲从培养皿中铲取一块菌苔于载玻片上，菌面朝上，用另一载玻片轻轻在菌苔表面按压，使孢子丝及气生菌丝附着在载玻片上。

(6) 固定

将有印迹一面朝上，通过火焰 2~3 次固定。

(7) 染色

用吕氏碱性美蓝染液染色 1~2min，水洗，晾干。

(8) 镜检

用油镜观察孢子丝形态特征。

【结果与分析】

绘制所观察到的放线菌形态图，并说明放线菌的基本形态特征。

【注意事项】

1. 放线菌的生长速度较慢，培养周期较长，在操作中应注意无菌操作，严防杂菌污染。

2. 玻璃纸法培养接种时注意玻璃纸与平板琼脂培养基间不宜有气泡，以免影响其表面放线菌的生长。

【思考题】

1. 试比较三种培养和观察放线菌方法的优缺点？

2. 镜检时，如何区分放线菌的基内菌丝和气生菌丝？

实验 6　霉菌水浸玻片的制备和观察

【实验原理】

霉菌的营养体是分枝的丝状体，又称为菌丝体，分为基内菌丝和气生菌丝。气生菌丝生长到一定阶段又可分化出繁殖菌丝，由繁殖菌丝产生孢子。霉菌菌丝体(尤其是繁殖菌丝)及其孢子的形态特征是分类的重要依据。观察霉菌的方法主要有两大类：水浸玻片法及培养观察法。本实验给大家介绍水浸玻片法。

霉菌的菌丝与孢子的宽度比细菌和放线菌大得多(3~10μm)，一般使用低倍镜即可容易观察到，但其详细特征可在高倍镜下观察。霉菌菌丝一般无色或淡色，光滑，所以制作玻片时常用乳酸石炭酸棉蓝染色液。此染色液制成的霉菌标本片的特点是：细胞不变形，具有杀菌防腐作用，且不易干燥，能保持较长时间，溶液本身呈蓝色，有一定染色效果。

【实验目的和要求】

1. 学习自制水浸玻片观察霉菌形态的基本方法；
2. 初步了解霉菌的形态特征及不同霉菌的形态差异。

【实验器材】

1. 菌种

在马铃薯葡萄糖琼脂培养基平板上培养 3~4 天的毛霉(*Mucor* sp.)、根霉(*Rhizopus* sp.)、青霉(*Penicillium* sp.)、曲霉(*Aspergillus* sp.)等培养物。

2. 染色液和试剂

乳酸石炭酸棉蓝染色液、50%乙醇(*V*/*V*)。

3. 器材

镊子、载玻片、盖玻片、解剖针、显微镜等。

【实验方法与步骤】

1. 在载玻片上滴加一滴乳酸石炭酸棉蓝染色液或蒸馏水。

2. 用接种针或解剖针从生长有霉菌的平板中挑取少量带有孢子的霉菌菌丝，放入载玻片上的液滴中。

3. 仔细地用解剖针将菌丝分散开来。盖上盖玻片(勿使气泡产生，且不要再移动盖玻片)，置于低倍镜和高倍镜下观察 4 种霉菌的形态并记录，内容如下。

(1) 根霉：用低倍镜和高倍镜观察根霉的菌丝、孢囊梗、孢子囊、假根、匍匐枝等。

(2) 毛霉：与根霉比较，用低倍镜和高倍镜观察毛霉的菌丝、孢囊梗、孢子囊、囊轴和假根等。

(3) 曲霉：用低倍镜和高倍镜观察曲霉的菌丝、分生孢子头、分生孢子梗和分生孢子等，用高倍镜观察菌丝隔膜、分生孢子小梗等。

(4) 青霉：与曲霉比较观察青霉菌丝隔膜、副枝和分生孢子等。

【结果与分析】

绘出毛霉、根霉、青霉、曲霉的个体形态图，并注明各部位名称。

【注意事项】

1. 制作水浸玻片前，载玻片需干燥以免乳酸石炭酸棉蓝染色液或蒸馏水散开。
2. 毛霉与根霉用解剖针挑取少量菌丝即可；曲霉及青霉(与培养基结合紧密)

可连同培养基一起挑取，再在染色液中加以分离。

3. 制片时要小心，以免破坏霉菌的自然生长状态。

【思考题】

1. 根据哪些形态特征可以区分上述 4 种霉菌？

2. 通过观察，判断哪类菌丝有横隔？

实验 7　霉菌分生孢子的培养和观察

【实验原理】

霉菌是一类在营养基质上形成绒毛状、棉絮状或蜘蛛网状菌丝体的低等真菌的总称。霉菌的营养体通常是分枝的丝状体。其菌丝和孢子的宽度通常比细菌和放线菌大得多(3~10μm)，菌丝分为营养菌丝和气生菌丝。气生菌丝中又可分化出繁殖菌丝。不同霉菌的繁殖菌丝可以形成不同的孢子。霉菌菌丝体(尤其是繁殖菌丝)及孢子的形态特征是识别不同种类霉菌的重要依据。通常霉菌的菌丝体较粗大，质地较疏松，颜色各异，细胞容易收缩变形，且孢子容易飞散，常用乳酸石炭酸棉蓝染色液制片。乳酸可保持菌体不变形，石炭酸可以杀死菌体及孢子并可以防腐，棉蓝使菌体着色。该方法可使标本保持较长时间。菌丝体经制片后可用低倍镜或高倍镜观察。

为了得到清晰、完整和保持自然状态的霉菌形态，还可以用插片法和玻璃纸法观察。后者是利用玻璃纸的半透膜特性及透光性，将霉菌培养在覆盖玻璃纸的培养基上，然后将长菌的玻璃纸揭下并剪取小片，贴在载玻片上用显微镜观察。可以得到清晰、完整、保持自然状态的霉菌形态；也可以直接挑取生长在平板上的霉菌菌体制水浸玻片观察。

【实验目的和要求】

1. 观察霉菌菌落特征；

2. 学习并掌握霉菌的制片方法；

3. 了解 2 种常见霉菌的产孢结构和分生孢子基本形态特征。

【实验器材】

曲霉(*Aspergillus* sp.)、青霉(*Penicillium* sp.)，察氏培养基平板、乳酸石炭酸棉蓝染色液、无菌吸管、无菌玻璃纸、无菌盖玻片、载玻片、显微镜等。

【实验方法与步骤】

1. 霉菌菌落特征的观察

观察曲霉和青霉平板中的菌落，描述其菌落特征。注意菌落形态的大小、菌丝的高矮、生长密度、孢子颜色和菌落表面等状况，并与细菌、放线菌、酵母菌的菌落特征进行比较。

2. 直接制片观察法

于洁净的载玻片中央，滴加一小滴乳酸石炭酸溶液，然后用接种针从菌落边缘挑取少许菌丝体，放入载玻片上的液滴中，用解剖针小心将菌丝分散开，轻轻盖上盖玻片(注意勿出现气泡，且不要再移动盖玻片)，置于低倍镜下观察，必要时换高倍镜观察。

(1) 曲霉：观察菌丝体有无横隔、足细胞，注意分生孢子梗、顶囊、小梗及分生孢子着生状况和形状。

(2) 青霉：观察菌丝体的分枝状况，有无横隔。分生孢子梗及其分枝方式、梗基、小梗、分生孢子的形状及分生孢子穗、帚状分枝的层次状况。

3. 玻璃纸法

(1) 玻璃纸的选择与处理：选择能够允许营养物质透过的玻璃纸，加水煮沸，而后用冷水冲洗，经此处理后的玻璃纸若变硬，必定是不可用的，只有那些软的才可用。将那些可用的玻璃纸剪成适当大小，用水浸湿后，夹于圆形滤纸中，然后放入平板内常规灭菌备用。

(2) 菌种的培养：按无菌操作法，倒平板，冷凝后用灭菌的镊子夹取无菌玻璃纸贴于平板上，再用接种环沾取少许霉菌孢子，在玻璃纸上方轻轻抖动，使孢子抖落于纸上，然后将平板置 28~30℃培养 3~5 天，曲霉菌和青霉菌即可在玻璃纸上长出单个菌落。

(3) 制片与观察：剪取一小块长菌的玻璃纸，正面向上贴附在干净的载玻片上，滴加 1~2 滴乳酸石炭酸棉蓝染色液，按照上面的方法制片观察，观察的内容同上。

【结果与分析】

1. 实验结果：

(1) 描述曲霉和青霉的菌落颜色及特征。

(2) 绘制曲霉和青霉的个体形态图，并注明各部位名称。

2. 讨论：针对实验原理、步骤、现象进行讨论。

【注意事项】

1. 制片时，应该取少量带有孢子的菌丝，并尽可能保持霉菌的自然生长状态。

2. 标本制好后，先用低倍镜观察，如有必要再用高倍镜观察。

【思考题】

1. 总结在显微镜下看到的曲霉和青霉在以下各方面的异同。

(1) 菌丝有隔或无隔。

(2) 无性繁殖的方式。

(3) 有性繁殖的方式。

2. 你主要根据哪些形态特征来区分上述 2 种霉菌？

3. 为何要用乳酸石炭酸棉蓝染色液对霉菌进行染色?

实验 8　酵母菌子囊孢子的培养和观察

【实验原理】

酵母菌是实践中应用最广泛的真核微生物之一。酵母菌以形成子囊和子囊孢子的方式进行有性繁殖。它们一般通过邻近的两个性别不同的细胞各自伸出一根管状的原生质突起，然后相互接触，局部融合并形成一个通道，再通过质配、核配和减数分裂，形成 4 个或 8 个子核，每一子核与其附近的原生质一起，在其表面形成一层孢子壁后，就形成了一个子囊孢子，而原有营养细胞就成了子囊。子囊孢子是子囊类酵母菌有性生殖产生的有性孢子，酵母菌子囊孢子的形成与否是酵母菌分类鉴定的一个重要依据。只有在最适条件下，才能观察到酵母菌形成的子囊孢子，不同种属的酵母菌，形成子囊孢子的条件不同。麦氏琼脂培养基有利于酿酒酵母子囊孢子的形成。

【实验目的和要求】

1. 了解酵母菌的一般形态特征；
2. 掌握酵母菌子囊孢子的观察方法。

【实验器材】

1. 菌种

酿酒酵母(*Saccharomyces cerevisiae*)。

2. 培养基

麦芽汁培养基、麦氏琼脂培养基。

3. 染色液

石炭酸品红染液、碱性美蓝染液。

4. 脱色液

无水乙醇 95ml、36%盐酸 2.78ml 和蒸馏水 2.22ml。

5. 器材

显微镜、酒精灯、载玻片、接种环、香柏油、二甲苯、擦镜纸等。

【实验方法与步骤】

1. 培养基的制备与灭菌

分别配制麦芽汁培养基和麦氏琼脂培养基(配方见附录)并灭菌。

2. 菌种活化

将酿酒酵母接种至新鲜的麦芽汁培养基上，置于 28℃培养箱中培养 2~3 天，然后再活化 2~3 次。

3. 产孢培养

将活化的酿酒酵母转接至麦氏琼脂培养基上，置25℃培养箱中培养3天。

4. 制片

在干净的载玻片上滴一小滴生理盐水，用接种环在无菌操作条件下，挑取少量培养物，置载玻片的水滴中，涂布均匀，并进行固定。

5. 初染

将涂片水平放置，在菌膜部位滴加石炭酸品红染液(以刚好覆盖菌膜为宜)，染色 2~3min。倾去染液，斜置涂片，用细水流的自来水冲洗(切勿用自来水直接冲洗菌膜部位)，直至洗下水呈无色为止。

6. 脱色

用脱色液对涂片进行脱色30s，水洗。

7. 复染

将涂片水平放置，在菌膜部位滴加碱性美蓝染液，染色20s左右。倾去染液，斜置涂片，用细水流的自来水冲洗(切勿用自来水直接冲洗菌膜部位)，直至洗下水呈无色为止。

8. 镜检

待涂片干燥后，先用低倍镜观察，再用高倍镜观察，找出适当的视野后，将高倍镜转出，在菌膜部位上加香柏油一滴，将油镜头浸入油滴中仔细调焦观察细胞和子囊孢子的形态。

【结果与分析】

1. 绘制所观察到的酵母菌细胞形态图。
2. 绘制所观察到的子囊及子囊孢子形态图。

【注意事项】

1. 活化酵母菌的麦芽汁培养基要新鲜、表面湿润。
2. 在产孢培养基上加大接种量，可提高子囊和子囊孢子形成率。
3. 脱色时间是观察酵母菌子囊孢子的关键因素。

【思考题】

1. 镜检时，相对于一般细菌，酵母菌有哪些突出的特征？
2. 如何区别营养细胞和释放出的子囊孢子?

实验9　伞菌菌丝体、子实体和孢子的形态观察

【实验原理】

伞菌是一类大型真菌，俗称蘑菇，又是常见的食用菌。常见的伞菌菌丝纯培养为白色丝状菌落，但不同伞菌其菌落特征还是有明显差异的。例如，香菇菌落边缘参差不齐；蘑菇则更不整齐，菌丝呈浅白色；平菇菌丝有明显的爬壁性，并

在试管中形成原基；金针菇则易在冷藏时形成子实体。同时，借助于显微镜的观察比较，还可以发现不同伞菌在菌丝形态特征上也有一些明显差异，这些差异为人们早期识别不同伞菌提供了依据。

显微镜观察：香菇(*Lentinula edode*)菌丝粗壮，均匀，有隔膜和分枝，粗 2~4μm；有明显的锁状联合，呈半圆形或顶部宽平，其大小不一。双孢蘑菇(*Agaricus bisporus*)菌丝有隔和分枝，粗壮均匀呈腊肠形，但无锁状联合。侧耳属(*Pleurotus* spp.)的菌丝粗细不均匀，分枝多，锁状联合明显，呈半圆形，大小不等，在菌丝分枝处有两个锁状联合，上下垂直方向邻生。草菇(*Volvariella volvacea*)菌丝也无锁状联合，粗壮呈直角分枝。猴头菇(*Hericium erinaceus*)菌丝粗壮，均匀，有分枝，外形屈曲，锁状联合多而大。金针菇(*Flammulina velutipes*)菌丝粗壮，均匀，锁状联合为圆形或半抱握状。

伞菌的主要特征是孢子生长在特殊的结构——担子(basidia)上，而担子着生在各种子实层上。观察比较的内容如下。

(1) 子实体各部分名称：菌盖、菌柄、菌托、菌环、菌褶、小疣或鳞片。

(2) 菌盖的形态：①侧面：半球形、圆筒形、圆锥形、吊钟形、平展、斗笠形、中凹形、漏斗形、盘形等；②顶面：圆形、半圆形、扇形、匙形、不规则形等；③表面：光滑、不光滑，有无条纹，黏度，颜色，有无鳞片、绒毛，有无开裂等；④菌肉：厚度、颜色、味道、变色等。

(3) 菌褶：①着生方式：离生、弯生、直生、延生等；②形态：厚度、宽度、颜色、密度、有无分叉、等长或不等长等。

(4) 菌柄：①着生方式：中生、偏生、侧生等；②形态：形状、长度、直径、颜色、质地、空心或实心、有无绒毛和光泽等。

(5) 菌托、菌环：有或无、颜色、形状、大小、脱落与否。

(6) 孢子：孢子印，孢子形态、大小、颜色、形状，有无刺、疣、网纹等。

(7) 产量、可食性。

【实验目的和要求】

通过对几种常见伞菌的子实体、菌丝和担孢子的显微观察，了解和掌握这些常见伞菌的基本形态特征，并能依据这些特征进行菌种的早期鉴别。通过对伞菌子实体的形态和子实层形态的比较观察，认识和了解伞菌的解剖特征及形态特征，从分类学上区别各主要伞菌类群。

【实验器材】

1. 伞菌新鲜子实体及其试管种

香菇、蘑菇、平菇、金针菇、草菇等。

2. 器材

显微镜、载玻片、盖玻片、解剖针、接种环、尖镊、无菌水、洗瓶、吸水纸、测微尺等。

【实验方法与步骤】

将生长有食用菌菌丝体的直径为 10mm 或 15mm 的试管，直接放在显微镜的载物台上，用低倍镜观察菌丝的形态。注意区别有锁状联合和无锁状联合的菌丝形态。

1. 观察、记录不同食用菌菌落形态特征和子实体形态特征。

2. 用解剖针挑取菌丝于无菌水中制成水浸玻片，用显微镜观察菌丝的形态。

3. 用刀片细心切一片菌褶，尽量切薄，放于载玻片上。在显微镜下观察担子、囊状体和担孢子形态。

4. 取一小滴水于载玻片中央，用尖镊、接种环轻轻在菌褶上取少量孢子，稀释于水滴中。用显微镜观察孢子形态，用测微尺测其大小，每种孢子测 10 个，求平均值。

5. 取成熟的双孢蘑菇或平菇子实体上的一片菌褶，轻放在载玻片上，用低倍镜观察孢子着生情况，注意一个担子上 2 个或 4 个孢子的成对生长状态。

【结果与分析】

1. 描述各种伞菌子实体形态特征及其差异。

2. 描述香菇、蘑菇、平菇、金针菇、草菇的菌落颜色及特征。

3. 绘出观察的各种伞菌担子和担孢子的形态图。

【注意事项】

1. 制片时，尽量切薄，应该取少量带有孢子的菌丝，挑取过多反而不宜观察。

2. 玻片制好后，先用低倍镜观察，如有必要再用高倍镜观察。

【思考题】

1. 绘出各伞菌的菌丝形态图，并说明其主要特征。

2. 计算各伞菌的担孢子大小并绘出形态图。

3. 比较各种伞菌子实体的形态差异。

实验 10　噬菌斑的培养和观察

【实验原理】

细菌病毒又称为噬菌体，噬菌体对宿主具有高度特异性。因此，常利用宿主细菌作为敏感菌株去发现和培养噬菌体。按照噬菌体侵染细菌是否使其裂解，可分为烈性噬菌体和温和噬菌体两类。烈性噬菌体对其宿主的裂解可在宿主细菌的平板培养基上出现肉眼可见的空斑即噬菌斑，通常一个噬菌体产生一个噬菌斑，噬菌体的群体形态噬菌斑如图 10-1 所示。噬菌体在自然界中分布广泛，土壤、水体及发酵工业生产经常遭受到噬菌体的污染。本实验学习并掌握从污水或异常发酵液中增殖分离噬菌体，并利用双层平板法检测之。

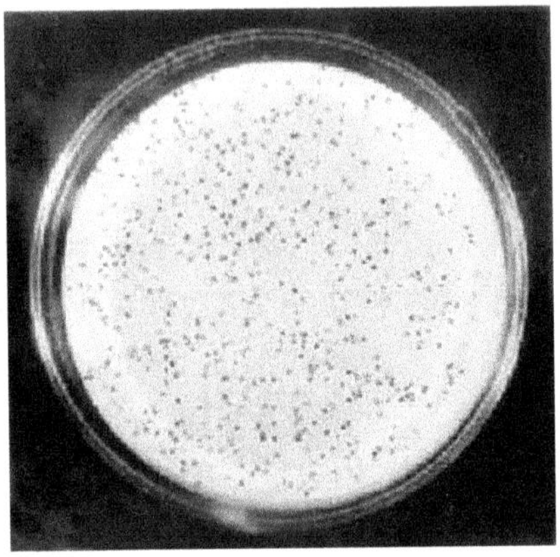

图 10-1　大肠杆菌λ噬菌体噬菌斑

【实验目的和要求】

1. 学习增殖培养烈性噬菌体的基本原理和方法；

2. 掌握观察噬菌斑的基本方法。

【实验器材】

1. 菌种

大肠杆菌——牛肉膏蛋白胨培养基斜面培养物。

2. 培养基

液体营养培养液、底层培养基、上层培养基(4ml/试管)、1%蛋白胨水溶液(9ml/试管)。

3. 器皿

培养皿、三角瓶、细菌过滤器、离心机、试管等。

4. 样品

污水水样或异常发酵液。

【操作方法与步骤】

1. 噬菌体的增殖培养

(1) 样品采集：取 4ml 异常发酵液或 4ml 污水水样放入已灭菌的三角瓶中。

(2) 制备菌悬液：取大肠杆菌斜面一支(37℃培养 18h)加 4ml 无菌水洗下菌苔制成菌悬液。

(3) 增殖噬菌体：在采集的样品中加入敏感菌(大肠杆菌)菌悬液 3~5ml，再加入 20ml 液体营养培养基，30℃振荡培养 12~18h。

(4) 噬菌体的分离与稀释：将培养液移入离心管中，以 3000r/min 离心沉淀

15min，取上清液，并用蛋白胨水溶液稀释至 10^{-1}、10^{-2}、…、10^{-5} 备用。

2. 噬菌斑的观察

(1) 倒底层平板：熔化底层培养基，取无菌培养皿 5 副，每副培养皿约倒 10ml 底层琼脂培养基，依次标明 10^{-1}、10^{-2}、…、10^{-5}。

(2) 倒上层平板：取 5 支装 4ml 上层琼脂培养基的试管，依次标明 10^{-1}、10^{-2}、…、10^{-5}。熔化后放于 50℃左右的恒温水浴内保温，然后分别向每支试管加 0.1ml 大肠杆菌菌液并对号加入 0.2~0.5ml 各稀释度的滤液，摇匀，然后对号倒入已凝的底层琼脂平板中。

(3) 培养：等上层琼脂凝固后，置 30℃培养 12~18h。

(4) 观察：选取合适稀释度噬菌体增殖液的平板观察，在上层培养基的表面出现透亮的圆形空斑即噬菌斑。

【结果与分析】

绘图说明培养皿平板上噬菌斑的检测情况，并指出噬菌斑与宿主细胞。

【注意事项】

1. 样品中新分离出来的噬菌体通常具有侵染性的粒子数不多，必须进行增殖。

2. 制作双层平板时，所用培养基要有较好的透光度，否则影响噬菌斑的观察。

【思考题】

1. 何谓烈性噬菌体？何谓噬菌斑？

2. 试设计另外一种实验方案，进行噬菌斑的观察。

第二章　微生物的分离和纯培养

实验 11　玻璃器皿的洗涤和灭菌

【实验原理】

微生物无处不在，为了防止微生物的污染，保证实验的准确性，对微生物实验和研究所用到的各种玻璃器皿，要求必须洗涤清洁后才能使用。同时，新的玻璃器皿，无论是软玻璃还是硬玻璃，都有游离的碱性物质，会影响实验的结果，使用前也必须洗涤。玻璃器皿洗涤干净后，还需要根据不同要求进行灭菌处理。

玻璃器皿和金属器皿的灭菌一般采用烘箱内的干热空气灭菌。干热可以破坏微生物细胞膜，使细胞蛋白变性和原生质干燥，并可使各种细胞成分发生氧化变性。在 150~170℃下维持 1~2h，可以达到彻底灭菌的目的。

【实验目的和要求】

1. 了解常见洗涤剂的性质和常用洗涤液的配制方法；
2. 学习玻璃器皿的清洁方法；
3. 了解干热灭菌的原理，学习干热灭菌的方法和注意事项。

【实验器材】

玻璃缸(用于装洗涤液及洗涤)、玻璃棒、试管、培养皿、载玻片、盖玻片、吸管、试管架、去污粉、肥皂、浓硫酸、重铬酸钾等。

【实验方法与步骤】

1. 各种洗涤液的配制

洗涤剂的种类很多，它们的性质不同，用途也不同。这里只介绍水、肥皂(或去污粉)和铬酸洗涤液等几种常用洗涤液。

(1) 水：水是最主要的洗涤液，但水只能洗去可溶解于水的沾污物；不溶于水的沾污物，如油污，就必须用其他方法处理后，再在水中清洗。

(2) 肥皂、去污粉和漂白粉：肥皂、去污粉和漂白粉是良好的去污剂。可配制 5%的肥皂水、5%的去污粉水或 5%~10%的漂白粉水。

(3) 铬酸洗涤液：这是一种常用的洗涤液，其配制方法如下：浓铬酸洗涤液，重铬酸钾 60g、浓硫酸 460ml、水 300ml；稀铬酸洗涤液，重铬酸钾 60g、浓硫酸 60ml、水 1000ml。将重铬酸钾溶解在温水中，冷却后缓慢加入浓硫酸，边加边搅拌，即成深红色的溶液，还可以看到红色的小结晶体。配好后，可储存于玻璃瓶中，盖紧备用。

2. 各种玻璃器皿的洗涤

(1) 新玻璃器皿的洗涤和清洁

新的玻璃器皿，可用 1%盐酸溶液浸泡一夜，再用清水冲洗，以除去残存的碱性物质，使玻璃表面光滑，特别是载玻片和盖玻片。必要时，再按一般方法，用肥皂水或铬酸洗涤液洗涤。

(2) 一般玻璃器皿的洗涤

试管、培养皿、烧杯、三角瓶等玻璃器皿，先将器皿里的残渣除去，然后用水、肥皂水、去污粉水或漂白粉水洗涤，再用清水冲洗干净；对于一些器皿内已经干固的残渣(如试管、培养皿中的培养基)不易清洗时，可将以上玻璃器皿浸泡在水中，或用水煮沸，然后再用肥皂水洗涤。如果要求玻璃器皿更为洁净，可再用铬酸洗涤液处理。在用铬酸洗涤液洗涤过程中，玻璃器皿至少要浸泡 15min，然后再用清水冲洗。

(3) 载玻片和盖玻片的洗涤

载玻片和盖玻片用清水洗后，放在铬酸洗涤液中浸泡数分钟，或在稀铬酸洗涤液中煮沸 0.5h，然后取出用清水冲洗干净，再用干净的纱布擦干。洗干净后的玻片，可以存放在酸化的 90%乙醇中，用时取出擦干或将乙醇烧去。

载玻片和盖玻片如果沾有油污或树胶等，可先用肥皂水煮，后用水冲洗，再按以上方法用铬酸洗涤液处理后，洗涤干净。经过染色或加拿大树胶封藏的玻片，需用浓铬酸洗涤液煮沸，清水洗净，再按以上方法用洗涤液处理，效果会更好。

3. 玻璃器皿的干燥和灭菌

洗干净后的玻璃器皿，一般可以放在木架上或其他适合的地方自然干燥。如果需要高温干燥，以 80~100℃为宜。

玻璃器皿的灭菌一般采用干热灭菌，在烘箱中进行。灭菌前，将经过洗涤、干燥后的玻璃器皿包扎好。培养皿可用清洁的纸包好(一般 10 副培养皿一扎)，吸管可先在上端松松地塞进 2cm 长的一段棉花，然后用 4~5cm 宽的长纸条逐支以螺旋式包卷好。其他的物品需要灭菌，一般也要用纸包好。

将准备灭菌的玻璃器皿放入烘箱，注意不要过紧过密，妨碍气体的流通。关闭烘箱门，打开通气孔，接通电源后加热。待箱内温度达到 100~105℃时，关闭通气孔，继续加热，当温度达到 160~170℃时，处理 1h；或 150℃处理 2h，然后关闭开关，切断电源。此时绝不能即行打开烘箱门，必须等待箱内温度下降到 60℃以下才能打开。在整个灭菌过程中，要注意温度上升或下降都不能过急，否则玻璃器皿容易炸裂。

【结果与分析】

1. 配制几种常用的洗涤液。

2. 洗涤实验室的玻璃器皿，干燥后，包扎并灭菌。

【注意事项】

1. 用过的玻璃器皿，最好在未干前洗涤，放置过久会增加洗涤的难度。即使不能立即洗涤，也应该浸在水中。

2. 如果器皿沾染有对人有害的病原菌，应该先用水煮沸或蒸汽灭菌，或在消毒液中灭菌后再洗涤，消毒可用 5%福尔马林或 5%苯酚溶液浸泡 10min，也可用漂白粉液消毒。

3. 盛过有毒物品的器皿，不要和其他器皿放在一起；难洗涤的器皿不要和容易洗涤的器皿放在一起，以免沾污和增加洗涤的难度。

4. 铬酸洗涤液是一种强氧化剂，去污能力很强。但是玻璃器皿上如果沾有油污、凡士林和石蜡等，用铬酸洗涤液无效。另外，铬酸洗涤液的腐蚀性比较强，使用时必须加以注意，也不能用于金属器皿的洗涤。如果皮肤和衣服上沾有铬酸液，应立即用水冲洗。

【思考题】

1. 玻璃器皿在使用前为什么必须洗涤？

2. 玻璃器皿为什么要洗净并干燥后才能灭菌？

3. 干热灭菌达到要求的温度和时间后，为什么不能立即打开烘箱门，而必须等到烘箱内温度下降至 60℃以下？

实验 12　无菌操作和微生物的接种技术

【实验原理】

微生物的接种技术是微生物学研究中的一项最基本的操作技术。在微生物学的科学实验及发酵生产中，都要把一种微生物移接到另一灭过菌的新鲜培养基中，使其生长繁殖并获得更为丰富的菌体或代谢产物。根据不同的目的可采用不同的接种方法，如斜面接种、液体接种、平板接种、穿刺接种等。接种方法不同，常用不同的接种工具，如接种针、接种环、接种钩、滴管、移液管、涂布器等。接转的菌种都是纯培养的微生物，为了确保纯种不被杂菌污染，在接种过程中必须进行严格的无菌操作。

在与微生物相关的实验、生产和科学研究中，需要进行微生物的纯培养，不能有任何的杂菌。因此，对操作过程中涉及的器材、培养基要进行严格的灭菌处理，对工作场所要打扫清洁并消毒处理，以保障工作的顺利进行。无菌操作即在尽可能无菌的条件下开展微生物相关的操作过程和实验。

【实验目的和要求】

1. 掌握无菌操作的概念和基本操作技术；
2. 了解细菌常用培养基及培养条件；
3. 了解平板划线分离菌种的原理和操作要点。

【实验器材】

恒温培养箱、超净工作台、接种环、玻璃棒、吸管、酒精灯、培养基、菌种(如大肠杆菌)、枯草芽孢杆菌、金黄色葡萄球菌、米曲霉和酵母菌等。

【实验方法与步骤】

1. 斜面接种

(1) 操作前，先用 75%乙醇擦手，待乙醇挥发后点燃酒精灯。

(2) 将菌种管和斜面握在左手大拇指和其他四指之间，使斜面和有菌种的一面向上，并处于水平位置。

(3) 先将菌种和斜面的棉塞旋转一下，以便接种时拔出。

(4) 左手拿接种环(如握钢笔一样)，在火焰上先将环端烧红灭菌，然后将有可能伸入试管的其余部位也过火灭菌。

(5) 用右手的无名指、小指及手掌将菌种管和待接斜面试管的棉花塞或试管帽同时拔出，然后让试管口缓缓过火灭菌(切勿烧过烫)。

(6) 将灼烧过的接种环伸入菌种管内，接种环在试管内壁或未长菌苔的培养基上接触一下，让其充分冷却，然后轻轻刮取少许菌苔，再从菌种管内抽出接种环。

(7) 迅速将沾有菌种的接种环伸入另一支待接斜面试管，从斜面底部向上以“Z”形来回密集划线。有时也可用接种针仅在培养基的中央拉一条线来做斜面接种，以便观察菌种的生长特点。

(8) 接种完毕后抽出接种环灼烧管口，塞上棉塞。

(9) 将接种环烧红灭菌。放下接种环，再将棉花塞旋紧。

2. 液体接种

(1) 由斜面培养基接入液体培养基，此法用于观察细菌的生长特性和生化反应的测定，操作方法与前相同，但使试管口向上斜，以免培养液流出。接入菌体时，使接种环和试管内壁摩擦几下以利于洗下环上菌体。接种后塞好棉塞将试管在手掌中轻轻敲打，使菌体充分分散。

(2) 由液体培养基接种液体培养基，菌种是液体时，除用接种环外还可用无菌吸管或滴管。接种时只需在火焰旁拔出棉塞，将管口通过火焰，用无菌吸管吸取菌液注入培养液内，摇匀即可。

3. 平板接种

将菌在平板上划线和涂布。

(1) 划线接种见分离划线法。

(2) 涂布接种用无菌吸管吸取菌液注入平板后，用灭菌的玻璃棒在平板表面做均匀涂布。

4. 穿刺接种

把菌种接种到固体深层培养基中，此法用于嫌气性细菌接种或为鉴定细菌时观察生理性能用。

(1) 操作方法与上述相同，但所用的接种针应挺直。

(2) 将接种针自培养基中心刺入，直刺到接近管底，但勿穿透，然后由原穿刺途径慢慢拔出。

【注意事项】

1. 在超净工作台上操作，工作台在使用前要用紫外灯照射消毒、乙醇消毒等。
2. 应在酒精灯火焰前操作。
3. 取菌种前灼烧接种针或接种环(要烧红)。
4. 烧红的接种针(环)稍事冷却再取菌种，以免烫死菌种。
5. 接种后应尽快塞上棉塞。

【思考题】

1. 什么是无菌操作技术？
2. 无菌操作技术一般包括哪些内容？各用什么方法？
3. 如何根据操作材料和培养方式的不同选择适合的微生物接种技术？

实验 13 牛肉膏蛋白胨培养基的配制

【实验原理】

培养基(culture medium)是指人工配制的适合于微生物生长、繁殖或积累代谢产物的各种营养基质，主要用于微生物的分离、培养、鉴定、菌种保藏或积累代谢产物等方面。自然界中微生物的种类繁多，营养类型多样，加之实验和研究目的不同，所以培养基的种类很多。不同种类的培养基一般都应含有微生物生长繁殖所需要的碳源、氮源、能源、无机盐、生长因子和水等营养成分。此外，为了满足微生物生长繁殖或积累代谢产物的要求，还必须控制培养基的 pH、含水量等。细菌、放线菌一般适于生长在中性或微碱性的环境中(嗜碱细菌和嗜酸细菌例外)，而酵母菌和霉菌则适于生长在偏酸性的环境中。在配制培养基时，需将培养基调节在一定的 pH 范围内。牛肉膏蛋白胨培养基是一种普遍应用于细菌培养的组合培养基。

【实验目的和要求】

1. 明确培养基配制的原理；

2. 掌握配制培养基的一般方法和步骤。

【实验器材】

1. 试剂药品

牛肉膏、蛋白胨、琼脂、氯化钠和蒸馏水等。

2. 实验器具

试管、三角瓶、烧杯、量筒、玻璃棒、天平、牛角匙、pH 试纸、棉花、牛皮纸、记号笔、线绳、纱布、漏斗、漏斗架、胶管、止水夹、剪刀、电炉等。

【实验方法与步骤】

1. 常用配方

牛肉膏 5g、蛋白胨 10g、氯化钠 5g、琼脂 15~20g、水 1000ml，pH 7.0~7.2。

2. 称量药品

按实际用量计算后，按配方称取各种药品放入大烧杯中。牛肉膏可放在小烧杯或表面皿中称量，用热水溶解后再倒入大烧杯；也可放在称量纸上称量，随后放入热水中，使牛肉膏与称量纸分离，立即取出纸片。蛋白胨极易潮湿，故称量时要迅速。

3. 加热溶解

在烧杯中加入少于所需要水量的水，然后将其放在石棉网上，小火加热，并用玻璃棒搅拌，待药品完全溶解后再补充水分至所需要的量。若配制固体培养基，则将称好的琼脂放入已溶解的药品中，再加热融化。此过程中需不断搅拌，以防琼脂糊底后溢出，最后补足所失的水分。

4. 调节 pH

检测培养基的 pH，若 pH 偏酸，可滴加 1mol/L 的 NaOH，边加边搅拌，并随时用 pH 试纸检测，直至达到所需的 pH 范围。若偏碱，则用 1mol/L HCl 进行调节。固体培养基 pH 的调节通常放在加琼脂之前。应注意 pH 不要调过头，以免回调而影响培养基内各离子的浓度。

5. 过滤

液体培养基可用滤纸过滤，固体培养基可用 4 层纱布趁热过滤，以利于培养菌的观察。但是供一般使用的培养基，此步可省略。

6. 分装

按实验要求。

7. 灭菌

0.098MPa，121℃，高压蒸汽灭菌 20min。

【注意事项】

1. 蛋白胨极易受潮，称量时要迅速。

2. pH 不要调过头，以免回调时影响培养基内各离子的浓度。

3. 分装时可用漏斗，以免培养基沾在管口或瓶口上而造成污染。

4. 制备斜面培养基时一般加入 5~10ml 培养基于试管中，以一定的角度将试管倾斜，待培养基冷却后，即制成斜面培养基。

5. 培养基制备好以后，为防止杂菌生长而腐败，一般应立即灭菌；如果确实不能立即灭菌，应将培养基放入冰箱或冰柜里，但时间也不宜过长。

6. 培养基不宜配制过多，最好是现配现用。

【思考题】

1. 不同微生物采用不同培养基培养的依据是什么？

2. 什么是难培养菌？为什么至今仍然有许多微生物不能培养？

实验 14 马铃薯蔗糖琼脂培养基的配制

【实验原理】

培养基(culture medium)是指人工配制的适合于微生物生长、繁殖或积累代谢产物的各种营养基质，主要用于微生物的分离、培养、鉴定、菌种保藏或积累代谢产物等方面。马铃薯蔗糖琼脂培养基(Potato dextrose agar，PDA)，又称为 PDA 培养基，是一种半合成培养基，可用于培养各种霉菌，在配制马铃薯蔗糖琼脂培养基时，pH 自然。

【实验目的和要求】

1. 明确培养基配制的原理；

2. 掌握配制马铃薯蔗糖琼脂培养基的一般方法和步骤。

【实验器材】

1. 试剂药品

马铃薯、蔗糖或葡萄糖、琼脂和蒸馏水。

2. 实验仪器

小铝锅、试管、三角瓶、烧杯、量筒、玻璃棒、天平、牛角匙、pH 试纸、棉花、牛皮纸、记号笔、线绳、纱布、漏斗、漏斗架、胶管、止水夹、小刀、电炉等。

【实验方法与步骤】

PAD 培养基的配方如下：马铃薯(去皮)200.0g、葡萄糖(或蔗糖)20.0g、琼脂 15.0~20.0g、水 1000ml，自然 pH。

1. 将马铃薯洗净、去皮后切成约 1cm^3 的小块，称取马铃薯块 200.0g 放入 1L 烧杯中，加水煮沸 30min，纱布过滤。

2. 加入称好的琼脂和蔗糖(或葡萄糖)，加热搅拌至琼脂完全融化，补足水至 1000ml，自然 pH。一般培养霉菌用蔗糖，培养酵母菌用葡萄糖。

3. 分装、包扎、贴标签，于高压蒸汽灭菌锅中 121℃灭菌 30min，取出趁热摆斜面。

【注意事项】

1. 培养基经灭菌后，必须放在 25~28℃温箱培养 24h，无菌生长者方可使用。

2. 培养基在使用时也可以做成不含琼脂的液体培养基，用于菌类的振荡培养。

3. 培养基也可以加入青霉素、氯霉素或土霉素，加入量为 0.1g/L 培养基，主要是为了抑制细菌的生长，减少干扰性。

4. 分装时可用漏斗，以免培养基沾在管口或瓶口上而造成污染。

5. 制备斜面培养基时一般加入 5~10ml 培养基于试管中，以一定的角度将试管倾斜，待培养基冷却后，即制成斜面培养基。

6. 培养基制备好以后，为防止杂菌生长而腐败，一般应立即灭菌；如果确实不能立即灭菌，应将培养基放入冰箱或冰柜里，但时间也不宜过长。

7. 培养基不宜配制过多，最好是现配现用。

【思考题】

马铃薯蔗糖琼脂培养基一般用于哪些微生物的培养？

实验 15 高氏 I 号培养基的配制

【实验原理】

高氏 I 号培养基是一种合成培养基，含有多种化学成分已知的无机盐，是用来培养和观察放线菌形态特征的培养基。配制培养基时，一般按配方的顺序依次加入并溶解各成分，以防无机盐相互作用产生沉淀。高氏 I 号培养基中的 $FeSO_4 \cdot 7H_2O$ 的量只需 0.001%，是微量元素，因此需先配成高浓度的 $FeSO_4 \cdot 7H_2O$ 储备液，然后再按需要计算出一定的量加入培养基中。

高氏 I 号培养基配方如下：

可溶性淀粉	20.0g
NaCl	0.50g
KNO_3	1g
$K_2HPO_4 \cdot 3H_2O$	0.50g
$MgSO_4 \cdot 7H_2O$	0.50g
$FeSO_4 \cdot 7H_2O$	0.01g
琼脂	15~25g
水	1000ml
pH	7.4~7.6

【实验目的和要求】

明确培养基的配制原理；通过对高氏 I 号培养基的配制，掌握配制合成培养基的一般方法和步骤。

【实验器材】

1. 药品试剂

可溶性淀粉、NaCl、KNO_3、$K_2HPO_4 \cdot 3H_2O$、$MgSO_4 \cdot 7H_2O$、$FeSO_4 \cdot 7H_2O$、NaOH、HCl、琼脂等。

2. 用具

烧杯、量筒、三角瓶、试管、玻璃棒、滴管、吸管、漏斗、天平、牛角匙、高压灭菌锅、电炉、石棉网、pH 试纸(pH 5.5~9.0)、脱脂棉塞、牛皮纸、记号笔、麻绳等。

【实验方法与步骤】

1. 称量

按配方先称取可溶性淀粉放入烧杯中，并用少量冷水将淀粉调成糊状，再加入适量水并在垫了石棉网的电炉上加热，边加热边搅动，使淀粉完全溶化。然后再称取其他各成分并依次加入。微量的 $FeSO_4 \cdot 7H_2O$ 按比例换算后直接从高浓度的储备液取得。琼脂可以直接按 1.5%~2.0%的量加入各三角瓶中，不必加热溶化。

2. 溶化

将上述烧杯再加入适量水，然后在垫了石棉网的电炉上加热溶解。待药品完全溶解后，补充水到所需体积。

3. 调 pH

先用精密 pH 试纸测量培养基的原始 pH，如果偏酸，用滴管向培养基中加入 1mol/L NaOH，边加边搅拌，并随时用 pH 试纸测定 pH，直到 pH 为 7.6；反之，用 1mol/L HCl 进行调节。

4. 分装

按实验要求，将配制的培养基用漏斗分装到已经装好琼脂的 250ml 的三角瓶中，每瓶装 100~150ml，并摇匀。

5. 加塞

分装完后，将三角瓶口擦干净，然后塞上棉塞，以防止外界微生物进入培养基，并保证有良好的通气性能。

6. 包扎

用一层牛皮纸将塞好棉塞的三角瓶包好，用麻绳以活结形式将瓶口扎好，以防灭菌时冷凝水浸湿棉塞和灭菌后的灰尘侵入。用记号笔注明培养基名称、组别和日期等。

7. 灭菌

将准备好的培养基以 0.098 MPa、121℃、20~30min 高压蒸汽灭菌。

8. 无菌检测

将灭好菌的培养基放入 37℃恒温培养箱中培养 24~48h，以检查灭菌是否彻底。

【结果与分析】

1. 详细记录实验过程，指出实验的注意事项。
2. 记录自己的培养基灭菌是否彻底。
3. 记录本实验配制培养基的名称、数量，并图解说明其配制过程，指明要点。

【注意事项】

1. 溶化时要边煮边搅拌，以防沉淀结块。
2. pH 不要调过头，以免回调而影响培养基内各离子的浓度。
3. 分装过程中尽量不要使培养基沾在瓶口上，以免污染棉塞而引起污染。
4. 配好的培养基尽量立即灭菌，一般不能放置时间过长，否则营养成分会被杂菌利用。

【思考题】

1. 什么是合成培养基？在配制合成培养基时怎样加入微量元素？为什么天然培养基不需要加入微量元素？
2. 高氏 I 号培养基是用来分离培养何种微生物的？细菌能在高氏 I 号培养基上生长吗？
3. 你配制的高氏 I 号培养基有沉淀产生吗？说明其产生或未产生的原因。

实验 16　血琼脂培养基的配制

【实验原理】

培养基(culture medium)是指人工配制的适合于微生物生长、繁殖或积累代谢产物的各种营养基质，主要用于微生物的分离、培养、鉴定、菌种保藏或积累代谢产物等方面。自然界中微生物的种类繁多，营养类型多样，加之实验和研究的目的不同，所以培养基的种类很多。不同种类的培养基一般都应含有微生物生长繁殖所需要的碳源、氮源、能源、无机盐、生长因子和水等营养成分。此外，为了满足微生物生长繁殖或积累代谢产物的要求，还必须控制培养基的 pH。血琼脂培养基是在牛肉膏蛋白胨培养基的基础上添加脱纤维动物血(一般是绵羊血或兔血)的培养基。该培养基除含有细菌生长所需要的各种营养外，还可以提供一些辅酶和血红素等特殊生长因子，用于分离、培养和保存一些对营养要求比较苛刻的病原菌，也可以用于测定细菌的溶血作用。

【实验目的和要求】

1. 掌握血琼脂培养基的用途；

2. 了解血琼脂培养基的制备、常用种类及其组成。

【实验器材】

1. 试剂药品

基础固体培养基、脱纤维绵羊血、无菌肉汤培养基、无菌小牛血清。

2. 实验仪器

小铝锅、试管、三角瓶、烧瓶、量筒、玻璃棒、天平、牛角匙、pH 试纸、棉花、牛皮纸、记号笔、线绳、纱布、漏斗、漏斗架、胶管、止水夹、小刀、电炉等。

【实验方法与步骤】

1. 血琼脂平板的制备

取 100ml 基础固体培养基加热熔化，冷却至 45~60℃，无菌条件下加入脱纤维绵羊血 5~10ml，充分混匀后倾注平板，冷凝后备用。

2. 质量控制

取乙型溶血性链球菌分别接种于血琼脂平板与血清肉汤，淋病奈瑟菌接种于巧克力色血琼脂平板，与未接种细菌的同样培养基置温箱内 37℃培养 18~24h,肉眼观察细菌生长现象。

【结果与分析】

1. 检查制作的斜面培养基和半固体直立柱培养基是否符合要求；若不符合要求，分析其原因？

2. 将细菌生长情况填入表 16-1。

表 16-1　培养基

细菌类型	血琼脂平板
乙型溶血性链球菌	
淋病奈瑟菌	

【注意事项】

1. 高压蒸汽灭菌后，培养基的 pH 可略降低，因此调定 pH 时，一般比实际需要高出 0.2 左右。

2. 制作血琼脂平板需用新鲜的脱纤维血，陈旧血液容易产生溶血。

3. 高压蒸汽灭菌可使多糖降解，因此灭菌温度不可过高、时间不可过长。

【思考题】

牛肉膏置于何种容器中为宜？

实验 17　培养基的灭菌和消毒

【实验原理】

灭菌是用物理的或化学的方法杀死或除去物品上或环境中所有的微生物。消毒是用物理的或化学的方法杀死物体上绝大多数微生物(主要是指病原微生物和有害微生物)。消毒实际上是部分灭菌。

在与微生物相关的研究和生产过程中，需要进行纯培养。因此，必须排除任何杂菌，对所有的器材、培养基要进行严格的灭菌，对工作场所进行消毒，以保障工作的顺利进行。

微生物学实验操作中，用于灭菌与消毒的方法很多，主要包括：湿热灭菌、干热灭菌、紫外线灭菌、表面消毒剂灭菌和微孔过滤膜除菌等。

培养基灭菌和消毒方法主要采用湿热灭菌，根据其所用温度、灭菌时间和灭菌方式的不同，有以下几种灭菌法。

(1) 巴斯德灭菌法：此法能杀死绝大部分细菌营养体，一般不耐高温的培养基及牛乳消毒多用此法。加热至 63℃，30min；或加热至 70~80℃经 5~10min。

(2) 间歇灭菌法：亦称丁道尔灭菌法。培养基每天蒸煮一次(80~100℃)，每次 30min，连续蒸煮 3 天，在每两次蒸煮之间将培养基放在 28~30℃培养。这样在第一次蒸煮时将培养基中一切微生物的营养体杀死，只留下一部分芽孢没有被杀死。放在 28~30℃培养 1 天，芽孢发芽成为营养体，在第二次蒸煮时就可以被杀死了。极少数在第一次培养中新形成的芽孢在第二次培养中转化为营养体，于第三次蒸煮时被杀死。此法步骤较麻烦，时间长，可用于缺乏加压设备的地方，或温度不能超过 100℃的物品，如培养硫细菌的培养基就可以采用此法灭菌。

(3) 高压灭菌法：高压蒸汽灭菌法是在密闭的加压灭菌器内进行的。加热使灭菌器内的水产生蒸汽，蒸汽不能逸出，增加了灭菌器内的压力，水的沸点随着上升，因而可以获得比 100℃更高的蒸汽温度。

培养基通常采用 0.098MPa 的压力(即蒸汽温度 121℃)，30min，可以一次达到完全灭菌的目的。但压力的大小、时间的长短，应视培养基的性质、容积及导热性而定。有些培养基，如明胶、牛乳等，会因受热而变质，最好采用 0.069MPa 的压力(蒸汽温度 115℃)15~20min。用这样的温度和时间灭菌，为保证效果，装培养基的器皿、配培养基用的水等，应先经过 121℃、30min 灭菌。如果灭菌对象体积大，蒸汽穿透困难，如砂、泥土等，应提高压力到 0.137MPa，蒸汽温度 126℃，灭菌 1h。高压灭菌法适合于一切微生物学实验或发酵工厂中对培养基的灭菌。

高压灭菌器的主要构成部分为：灭菌锅、盖、压力表、温度计、排气阀或安全活塞等。

实验中常用的非自控高压灭菌锅有立式手提灭菌锅和卧式灭菌锅(图 17-1)，其结构与原理基本相同。目前，部分实验室也在使用自控高压灭菌锅(图 17-2)，其使用相对简单。本实验以手提式灭菌锅为例对培养基高压灭菌法的操作方法及要点进行介绍。

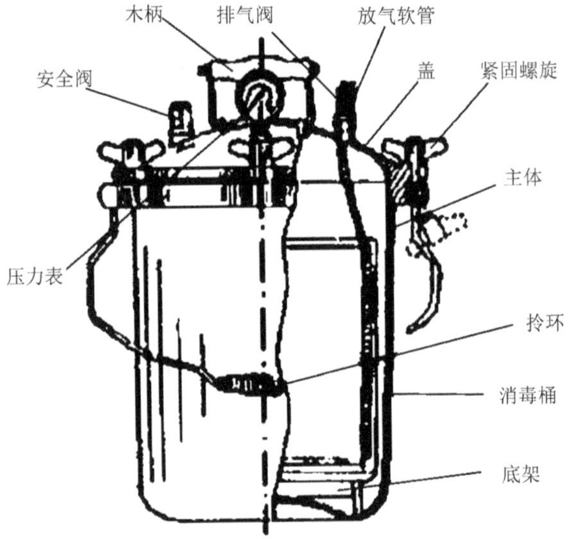

图 17-1　手提式高压灭菌锅的构造

图 17-2　自控高压灭菌锅

【实验目的和要求】

1. 了解培养基灭菌与消毒的常用方法及应用范围；

2. 掌握高压蒸汽灭菌的基本原理；

3. 熟悉高压灭菌锅的使用方法及注意事项。

【实验器材】

1. 培养基

牛肉膏蛋白胨培养基。

2. 仪器及其他用具

高压蒸汽灭菌锅、培养皿 2~4 副(6 副一包)、三角瓶、试管、吸管等。

【实验方法与步骤】

1. 调节水量

使用前，在高压灭菌锅中加入适量清水(水位至挡板下)，水过多会延长沸腾时间，降低灭菌功效；水过少，就有将灭菌器煮干而引起炸裂的危险。

2. 放置灭菌器材

整齐放入待灭菌的培养基及器具。将高压灭菌锅盖盖好，注意平稳端正，扭紧螺丝，保证紧密封闭。

3. 加热升温

打开排气阀，调至工作状态加热，将锅中水煮沸。

4. 排冷空气

锅内水沸腾后，蒸汽会将锅内的冷空气由排气阀排出。排气时间 3~5min，关闭排气阀。注意：一定要将锅内冷空气全部排出，否则后来压力和温度的关系会发生变化，如压力达到了 0.098MPa，而温度达不到 121℃，由于温度偏低影响灭菌效果。

5. 维持杀菌

继续加热使温度升至 121℃，压力达到 0.098MPa 时，控制热源，使其维持 30min，停止加热。

6. 自然降温

温度降至 100℃，压力自然降至 0，锅内压力与外界一致时，打开排气阀，使外界冷空气徐徐进入锅内补充由蒸汽继续冷却而造成的真空。

7. 倒平板

当灭菌器皿温度降到 50℃左右时，开盖取出物品。取出后立即摆成斜面或倒平板。

8. 无菌检测

将灭菌后的培养基置 37℃培养箱隔夜培养 24h，经检查无杂菌生长方可待用。

【结果与分析】

隔夜培养检查培养基高压灭菌是否彻底。

【注意事项】

1. 灭菌锅内冷空气必须排尽后，方可关上排气阀。

2. 待灭菌的培养基及器皿勿堆放拥挤，否则影响杀菌效果。

3. 灭菌完成后，排气阀勿过早打开，否则压力骤然降低，会引起培养基突然猛烈沸腾。

【思考题】

1. 高压蒸汽灭菌开始之前，为什么要将锅内冷空气排尽？灭菌完毕后，为什么待压力降低至“0”时才能打开排气阀，开盖取物?

2. 使用高压蒸汽灭菌锅灭菌时，哪些因素会导致灭菌不完全?

实验 18 土壤中微生物的分离和纯化

【实验原理】

从混杂微生物群体中获得只含有某一种或某一株微生物的过程称为微生物分离与纯化。土壤中混杂着大量的微生物，是微生物生活的大本营，它所含微生物无论是数量还是种类都是极其丰富的。因此土壤是微生物多样性的重要场所，是发掘微生物资源的重要基地，可以从中分离、纯化得到许多有价值的菌株。平板分离法普遍地用于微生物的分离与纯化。其基本原理是选择适合于待分离微生物的生长条件，如营养成分、酸碱度、温度和氧等要求；或加入某种抑制剂形成只利于该微生物生长而抑制其他微生物生长的环境，从而淘汰一些不需要的微生物。

常用的平板分离法主要有：①平板划线分离法；②稀释涂布平板法。后者除了能有效分离纯化微生物外，还可用于测定样品中的活菌数。

微生物在固体培养基上生长形成的单个菌落，通常是由一个细胞繁殖而成的集合体。因此可通过挑取单菌落而获得一种纯培养。获取单个菌落的方法可通过平板划线分离或稀释涂布平板等技术完成。应该指出的是，从微生物群体中经分离生长在平板上的单个菌落并不一定保证是纯培养。因此，纯培养的确定除观察其菌落特征外，还要结合显微镜检测个体形态特征，有些微生物的纯培养要经过一系列分离与纯化过程和多种特征鉴定才能得到。

【实验目的和要求】

1. 学习常用的分离纯化微生物的方法；

2. 掌握平板划线分离、稀释涂布平板纯化微生物的方法，进一步掌握无菌操作技术。

【实验器材】

1. 器材

盛有 90ml 无菌水并带有玻璃珠的三角瓶、装有 9ml 无菌水的试管、无菌玻璃涂布器、无菌吸管、接种环、酒精灯、无菌培养皿、普通光学显微镜。

2. 试剂

牛肉膏蛋白胨培养基、高氏 I 号培养基、查氏培养基。

【实验方法与步骤】

1. 土壤稀释液的制备

称取土壤 10g 放入盛有 90ml 无菌水并带有玻璃珠的三角瓶中，即成为稀释度为 10^{-1} 的土壤悬浮液，振荡 10min，混匀。

2. 土壤中微生物的分离和纯化

(1) 平板划线分离法

1) 倒平板：将加热熔化、冷却至 55~60℃的牛肉膏蛋白胨培养基、高氏 I 号培养基、查氏培养基分别倒平板，并标记好各培养基的名称、编号和日期等(图 18-1)。

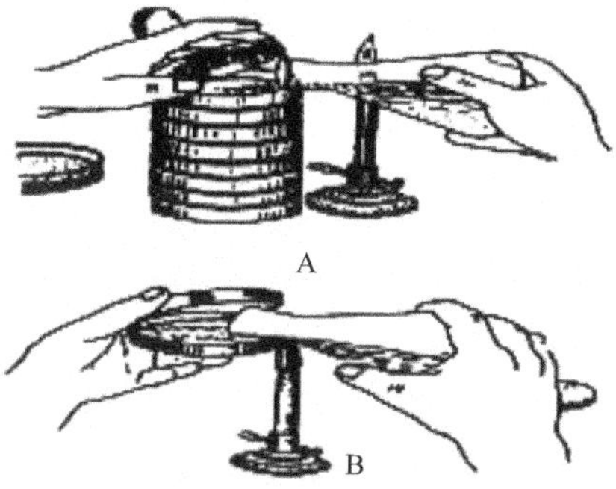

图 18-1　倒平板方法

A. 皿加法；B. 手持法

2) 划线方法。

连续划线法：该法适用于浓度较小的样品。用接种环无菌操作下挑取土壤样品液一环，然后在各培养基上做连续划线(图 18-2)，划线完毕后，盖上皿盖，牛肉膏蛋白胨培养基在 37℃培养箱中培养 1~2 天，高氏 I 号培养基和查氏培养基倒置于 28℃培养 3~5 天。

分区划线法：该法适用于浓度较大的样品。用接种环以无菌操作挑取土壤悬液一环，先在平板培养基的一边做第一次平行划线 3~4 条，再转动培养皿约 70º角，并将接种环上剩余物烧掉，待冷却后通过第一次划线部分做第二次平行划线，再用同样的方法通过第二次划线部分做第三次划线和通过第三次平行划线部分做第四次平行划线(图 18-3)。可划线 4~5 区，划线完毕后，盖上皿盖，在各温度培养箱中倒置培养。

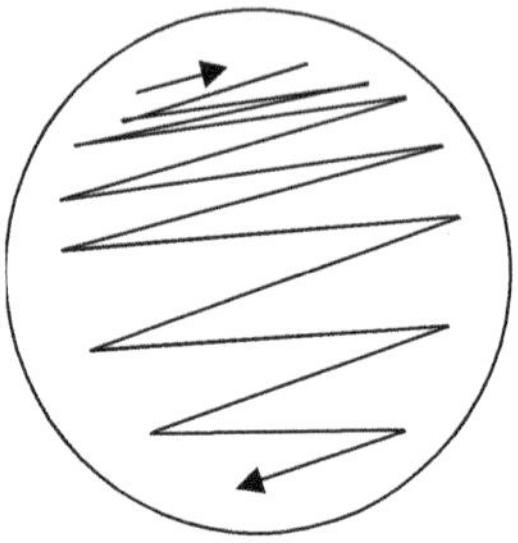

图 18-2　连续划线法

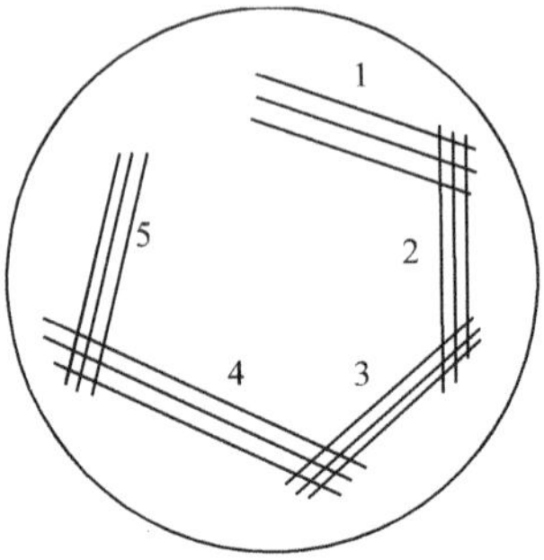

图 18-3　分区划线法

3) 挑选单菌落：从分离的平板中挑选单个菌落接种于斜面培养基上，结合显微镜观察和菌落形态特征，综合分析其菌落的纯度，如果不纯，再移植纯化，最后得到纯培养。

(2) 稀释涂布平板法

1) 倒平板：方法同划线分离法，做好平板、培养基、土壤编号、日期等标记。

2) 稀释涂布：用一支 1ml 无菌吸管吸取 1ml 的 10^{-1} 土壤悬浮液，放入盛有 9ml 无菌水的试管中充分混合，然后再用无菌吸管从此试管中吸取 1ml 加入另一盛有 9ml 无菌水的试管中，混合均匀，依此类推，制成 10^{-2}、10^{-3}、10^{-4}、10^{-5}、10^{-6} 不同稀释度的土壤悬浮液。

在上述每种培养基平板底面标记稀释度，然后用无菌吸管从最后三种稀释度，即 10^{-4}、10^{-5} 和 10^{-6} 的试管中吸取 0.1ml 对号放入平板，用涂布器涂布均匀。每个稀释度用一个灭菌涂布器，更换稀释度时需将涂布器灼烧灭菌。在由低浓度向高浓度涂抹布时，也可以不更换涂布器(图 18-4)。

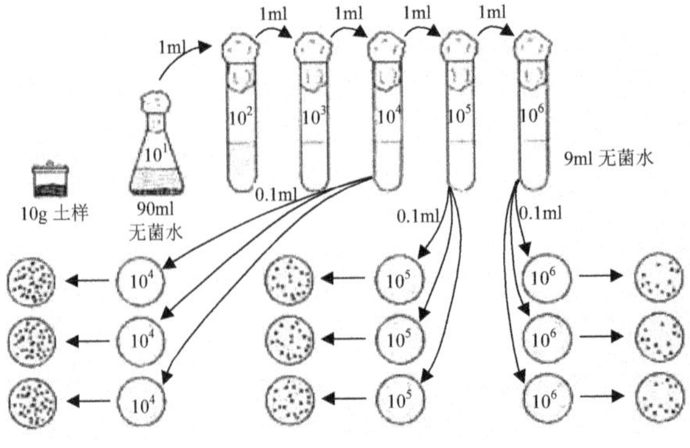

图 18-4　土壤样品稀释和稀释液培养操作流程

3) 培养：牛肉膏蛋白胨培养基在 37℃培养箱中培养 1~2 天、高氏 I 号培养基和查氏培养基倒置于 28℃培养 3~5 天。

4) 挑选单菌落：将培养后生长出的单个菌落分别挑取少量菌苔接种到上述培养基的斜面上，培养 3~5 天后，再次挑选单菌落划线并培养，检查其特征是否一致，同时将菌体细胞涂片染色后用显微镜检查是否为单一微生物细胞。如果发现有杂菌，需要进一步分离、纯化，直到获得纯培养。

【结果与分析】

1. 检查接种后培养物的生长情况和染菌情况，将实验结果填入下表。

培养物	平板划线分离法		稀释涂布平板法	
	生长情况	染菌情况	生长情况	染菌情况
牛肉膏蛋白胨培养基				
高氏 I 号培养基				
查氏培养基				

2. 在不同分离方法、不同培养基上分离得到哪些类群的微生物？描述它们的菌落形态特征。

【注意事项】

1. 本实验要严格按照无菌操作进行，无菌操作前需对超净工作台进行灭菌(紫外灯、无菌风、乙醇消毒)。

2. 接种环要灼烧灭菌，接种环灭菌后与菌体接触之前要冷却，接种后要在火焰上将多余的菌体烧死。注意，取单菌落时不要碰到其他的菌落。实验操作时菌体不应和火焰太过接近，防止烧死菌体和烧着棉塞。

3. 平板划线应防止染菌，同时应注意划线深度及密度，不要划破培养基。平板涂布时要均匀，注意不同稀释度涂布器的使用。

4. 培养时要倒置培养，防止染菌，严格控制培养温度。

【思考题】

1. 所做的平板划线分离法、稀释涂布平板法是否较好地得到了单菌落？如果不是，请分析其原因，并分析不同方法、不同培养基中杂菌污染情况的区别。

2. 平板培养时为什么要把培养皿倒置？

3. 如果要分离得到极端嗜盐细菌，在什么地方取样品为宜?说明理由。

实验 19　植物组织中微生物的分离和纯化

【实验原理】

从混杂的微生物群体中获得只含有某一种或某一株微生物的过程称为微生物的分离与纯化。为了获得某微生物的纯培养物，一般是根据该微生物对营养、酸碱度、氧气等条件要求的不同，而供给它们适宜的生活条件，即让待分离的微生物生活在适宜的培养基上，或加入某种抑制剂形成只利于此微生物生长的环境，从而得到该微生物的纯培养物。

植物组织中真菌的分离方法主要有组织分离法和稀释分离法两种。最常用的方法是组织分离法，而稀释分离法主要用于组织上产生大量孢子的真菌的分离。细菌的分离方法以划线分离法最为常用，在有些情况下也采用稀释分离法。为了获得分离微生物的纯培养，必须要进行分离菌的纯化，纯化的方法类似于分离工作中采用的稀释分离法或划线分离法。

【实验目的和要求】

1. 掌握微生物无菌操作技术；

2. 熟练常用的分离纯化微生物的基本操作技术及其培养方法。

【实验器材】

1. 实验材料

新鲜植物组织。

2. 药品

70%乙醇、95%乙醇、0.1%升汞液(升汞 1g，浓盐酸 2.5ml，加水 1000ml，注意要先将升汞用盐酸溶解，然后加水稀释)、无菌水等。

3. 培养基

马铃薯葡萄糖培养基、牛肉膏蛋白胨培养基、水琼脂培养基，三角瓶装、试管斜面。

4. 用具

灭菌培养皿、试管、吸管、吸水纸、接种针、接种环、玻璃棒、解剖剪、解剖刀、镊子、酒精灯、试管架、铅笔、微波炉、超净工作台等。

【实验方法与步骤】

1. 植物组织中真菌的分离与纯化

(1) 组织分离法

1) 倒平板：将三角瓶内的水琼脂培养基和马铃薯葡萄糖培养基在微波炉中加热熔化，倒 10~15ml 在灭菌培养皿中，使培养基在培养皿内分布均匀，冷却后即成平板(为防止细菌污染，可向培养皿中加入 1~2 滴 25%乳酸)。

2) 取材：将新鲜植物叶片(或其他组织)表面在自来水下洗净，用解剖剪或解剖刀切取边长 3~4mm 的小块组织数块。

3) 打湿组织表面或表皮毛：将待分离组织放入 70%乙醇中浸 2~3s。

4) 表面消毒：把待分离组织移入 0.1%升汞液中处理 0.5~5min (视植物组织质地不同，表面消毒时间不同)。

5) 清洗表面消毒液：用灭菌镊子将材料从升汞液中取出，放在盛有无菌水的培养皿中清洗，按顺序连续在 3 个培养皿中洗 3 次，每次 5min。将清洗后的材料放在装有数层灭菌吸水纸的培养皿中吸取附在材料上的水分。

6) 培养：将吸水纸中的材料取出，放入平板培养基(PDA 和水琼脂培养基)上，每皿放 3~5 块，呈三角形或梅花形。贴上标签，将培养皿翻转，置于 23~25℃恒温箱内培养 3~4 天。

7) 纯化和保存：挑取待分离材料周围长出的菌丝边缘，连带菌丝下少量培养基，移植到斜面试管内再培养，连续转管 2~3 次，将纯化的菌种置于–4℃中保存。

(2) 稀释分离法

1) 用灭菌吸管吸取灭菌水，注入 3 个灭菌培养皿中，每皿 0.5~1.0ml。

2) 用接种环蘸一滴孢子悬浮液与第一个培养皿中的无菌水混合，混合后再移 3 环到第二个培养皿中，依此类推。

3) 将熔化并冷却到 45~50℃的培养基，分别倒在 3 个培养皿中(为防止细菌污染，可向培养皿中加入 1~2 滴 25%乳酸)，使培养基与稀释的菌液充分混匀，凝固。

4) 将培养皿翻转后置于 25℃恒温箱中培养，连续观察菌落生长情况。

5) 将培养后长出较为整齐一致的单个菌落分别挑取，接种到斜面培养基上，置于 25℃培养。待菌长出后，检查菌是否单纯，若有其他菌混杂，需再次进行分离纯化。

2. 植物组织中细菌的分离与纯化

植物组织中细菌的分离方法以稀释分离法和划线分离法最为常用，稀释分离法是最经典的标准分离法，方法同上述真菌分离法。

除上述稀释分离法外，较为方便的是平板划线分离法。

1) 倒平板：将熔化好的牛肉膏蛋白胨培养基倒在培养皿内，凝固成平板后翻转置于 25~30℃恒温箱中，48h 后取出备用。

2) 取材、表面消毒等方法同真菌分离。

3) 制菌悬液：用灭菌镊子将已经消毒水洗的分离材料放在盛有约 1ml 无菌水的灭菌培养皿中，用灭菌的玻璃棒将分离材料捣碎，静置 5~10min。

4) 涂抹及平板划线：用灭菌的接种环蘸一环菌悬液，在平板培养基表面一侧边缘反复涂抹，将平板转动一定的角度，用灭菌的接种环在第一次划线的末端进行第二次划线，再转动平板，继续划线，划满整个平板，倒置平板于 25~30℃恒温箱中培养 1~3 天。

5) 纯化：在划线分离平板培养基中选择要求得到的典型菌落，从单个菌落上蘸少量菌体，在新的平板培养基上涂抹、划线。如果培养长出的划线菌落一致，选择一个单菌落移到试管斜面培养基上培养而获得纯菌种；反之，还应继续划线纯化。

【结果与分析】

1. 记录所分离的植物组织中细菌和真菌的种类。

2. 是否分离获得了纯菌种？分析分离工作成败的原因。

【注意事项】

1. 倒平板时培养基的温度以 45~50℃为宜，可将三角瓶靠在手背上，感到烫但尚可忍耐即可。

2. 分离材料应选择新鲜植物组织，减少腐生菌的污染。

3. 升汞表面消毒时间因材料而异，如植物组织柔嫩，则表面消毒时间宜短，反之则可延长。表面消毒时间一定要控制好，太长会杀死组织内的微生物，太短表面消毒不彻底，因此，应根据分离材料设定一个消毒时间梯度。

4. 在稀释分离法中倒平板时培养基温度一定要掌握好，过热易将微生物烫死；过冷则倒入培养皿中后难以形成表面平整的平板，不利于分离。

【思考题】

1. 组织分离法中，为什么要用吸水纸吸去分离组织多余的水？

2. 在分离过程中倒无菌水的顺序为何？

3. 在平板划线分离中，如长出来的单菌落不在划线处，是否为待分离的目标菌？

实验 20　环境中噬菌体的分离与纯化

【实验原理】

噬菌体是专性寄生物，在自然界中凡有细菌分布的地方，均可发现噬菌体的存在，即噬菌体是伴随着宿主细菌的分布而存在的，如粪便与阴沟污水中含有大量大肠杆菌，故也能很容易地分离到大肠杆菌噬菌体；奶牛养殖场有较多的乳杆菌，也容易分离到乳杆菌噬菌体等。噬菌体侵入细菌细胞后进行复制而导致细胞裂解，噬菌体即从中释放出来，所以：①在液体培养基内可使混浊菌悬液变为澄清，此现象可指示有噬菌体存在；也可利用这一特性，在样品中加入敏感菌株于液体培养基，进行培养，使噬菌体增殖、释放，从而可分离到特异的噬菌体；② 在宿主细菌生长的固体琼脂平板上，噬菌体可裂解细菌而形成透明的空斑，称噬菌斑(图 20-1)，一个噬菌体产生一个噬菌斑，利用这一现象可将分离到的噬菌体进行纯化与测定噬菌体的效价。

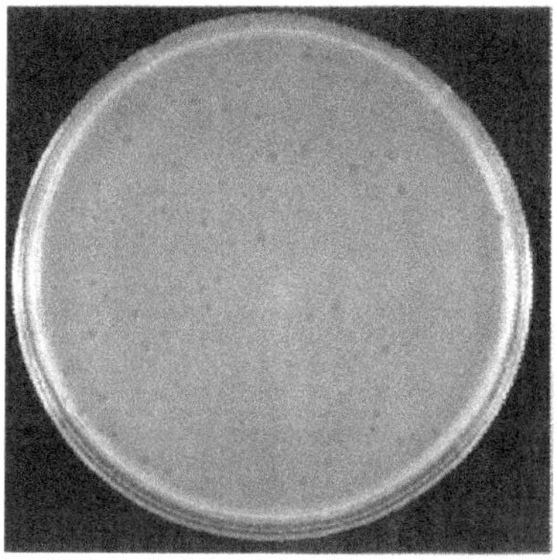

图 20-1　琼脂平板上的噬菌斑

本实验是从阴沟污水中分离大肠杆菌噬菌体，刚分离出的噬菌体常不纯，如表现为噬菌斑的形态、大小不一致等，然后再进一步纯化。噬菌体的效价就是 1ml 培养液中所含活噬菌体的数量。效价测定一般应用双层琼脂平板法。由于在含有特异宿主细菌的琼脂平板上，一个噬菌体产生一个噬菌斑，所以，能进行噬菌体的计数。

【实验目的和要求】

学习分离、纯化噬菌体的基本原理和方法。

【实验器材】

1. 菌种

大肠杆菌。

2. 噬菌体样品

阴沟污水。

3. 培养基

三倍牛肉膏蛋白胨培养液、牛肉膏蛋白胨培养液、牛肉膏蛋白胨琼脂培养基。

4. 仪器

离心机、恒温水浴锅、冰箱、恒温培养箱、高压灭菌锅、酒精灯、微量移液器及枪头、接种针、标记笔、培养皿、电炉、玻璃棒、牛皮纸、纱布、pH 试纸、橡皮筋、灭菌吸管、灭菌玻璃涂布棒、灭菌蔡氏细菌滤器、灭菌抽滤器、真空泵。

【实验方法与步骤】

1. 制备菌悬液

取大肠杆菌斜面一支，加 4ml 无菌水洗下菌苔，制成菌悬液。

2. 增殖培养

于 100ml 三倍浓缩的牛肉膏蛋白胨液体培养基的三角瓶中，加入污水样品

200ml 与大肠杆菌悬液 2ml，37℃培养 12~24h。

3. 制备裂解液

将以上混合培养液 2500r/min 离心 30min 取上清液，将上清液再次用 2500r/min 离心 15min，取上清液 4℃保存备用。

4. 确证试验

对经无菌检查没有细菌生长的滤液做进一步证明噬菌体存在的确证试验。

(1) 于牛肉膏蛋白胨琼脂平板上加一滴大肠杆菌悬液，再用灭菌玻璃涂布棒将菌液涂布成均匀的一薄层。

(2) 待平板菌液干后，分散滴加数小滴滤液于平板菌层上面，置 37℃培养过夜。如果在滴加滤液处形成无菌生长的透明噬菌斑，便证明滤液中有噬菌体存在。

【结果与分析】

1. 大肠杆菌斜面结果

“Z”形线清晰均匀，斜面结果较好。具体分析如下。①培养基斜面灭菌彻底，无杂菌生长；②操作时严格按照斜面接种的方法进行。

2. 验证噬菌体存在的平板结果

(1) 用枪加裂解液的平板(1 个)，中央有大面积的透明区，周围有小部分的菌膜。

(2) 用接种针加裂解液的平板(2 个)，平板上出现明显的：透明、约 8mm 左右的圆形噬菌斑，对照区域无噬菌斑。

3. 噬菌体纯化的平板结果

平板表面没有成片的菌膜，也没有噬菌斑，但有分布基本均匀、为数不多的菌苔，呈直径约 1mm 左右的淡黄色圆形(5 个平板现象一致)。具体分析如下。①在验证噬菌体是否存在时，出现了明显的噬菌斑，证明所取材料中有噬菌体存在，噬菌斑周围是大肠杆菌菌膜，同时也说明敏感菌悬液浓度合适；②平板表面有少量菌苔，而前面已证明敏感菌悬液浓度合适，不是很低，说明有部分大肠杆菌死亡；而无噬菌斑出现，既说明死亡大肠杆菌不是噬菌体所致，也说明噬菌体死亡，所以应在操作步骤中找原因。

【注意事项】

1. 收集噬菌体时要注意细菌滤器的型号。

2. 纯化噬菌体时要注意噬菌斑的形态和大小。

【思考题】

1. 在固体培养基平板上为什么能形成噬菌斑？

2. 噬菌斑大小的主要决定因素有哪些？

实验 21　噬菌体效价的测定

【实验原理】

噬菌体是一种专性寄生的病毒，广泛存在于自然环境中，凡是有原核生物活动的地方几乎就可以分离到相应的噬菌体。在液体培养基中，噬菌体可以使原本混浊的菌悬液变得比较澄清或清亮，该现象可以表明噬菌体的存在。在有宿主菌生长的固体琼脂平板上，噬菌体在宿主菌细胞中大量增殖，可以裂解宿主菌或者限制宿主菌的生长，形成透明或者混浊的空斑，称之为噬菌斑。由于在含有特异宿主菌的琼脂平板上，一个噬菌体可以产生一个噬菌斑，所以可根据噬菌斑形成单位(plague-forming unit, pfu)进行噬菌体效价的测定。噬菌体的效价就是 1ml 培养液中所含活噬菌体的数量。效价测定一般应用双层琼脂平板法。

【实验目的和要求】

1. 理解噬菌体效价的含义及其测定的基本原理；
2. 掌握双层琼脂平板法测定噬菌体效价的技术。

【实验器材】

1. 菌种

大肠杆菌、大肠杆菌噬菌体。

2. 培养基

牛肉膏蛋白胨培养液、上层牛肉膏蛋白胨琼脂培养基(含 0.7%琼脂)、底层牛肉膏蛋白胨琼脂培养基(含 2%琼脂)。

3. 仪器和其他器皿

无菌试管、无菌培养皿、三角瓶、无菌移液管(5ml 和 1ml)、恒温水浴锅、超净工作台、恒温培养箱等。

【实验方法与步骤】

1. 稀释噬菌体

(1) 将 6 支含 9ml 液体培养基的试管分别标记 10^{-1}、10^{-2}、10^{-3}、10^{-4}、10^{-5} 和 10^{-6}。

(2) 用 1ml 无菌移液管吸 1ml 大肠杆菌噬菌体，注入 10^{-1} 的试管中，摇匀。

(3) 用另一支无菌移液管从 10^{-1} 管中吸 1ml 加入 10^{-2} 管中，混匀，依此类推，稀释至 10^{-6} 试管。

2. 噬菌体与菌液混合

(1) 将 5 支灭菌空试管分别标记 10^{-4}、10^{-5}、10^{-6}、10^{-7} 和对照。

(2) 用吸管从 10^{-3} 噬菌体稀释管中吸 0.1ml 加入 10^{-4} 的空试管内，用另一支吸管从 10^{-4} 噬菌体稀释管内吸 0.1ml 加入 10^{-5} 空试管内，依此类推直至 10^{-7} 管。

(3) 将大肠杆菌培养液摇匀，用 1ml 移液管吸取大肠杆菌菌液 0.9ml 和 0.1ml 无菌水分别加入对照试管内，然后各吸取 0.9ml 大肠杆菌菌液加入标记为 10^{-4}、10^{-5}、10^{-6}和 10^{-7}试管，混匀，每个浓度梯度重复 3 次。

3. 混合液培养

(1) 将 5 瓶上层牛肉膏蛋白胨琼脂培养基熔化，标记为 10^{-4}、10^{-5}、10^{-6}、10^{-7}和对照，冷却至 50℃，放入 50℃恒温水浴锅内保温。

(2) 根据标记分别把方法 2 中 1ml 不同浓度噬菌体和大肠杆菌混合液及对照管大肠杆菌菌液加入上层培养基中，每加一管立即混匀。

(3) 将上一步骤中混合均匀的上层培养基迅速对号倒入已凝固的底层培养基上，放在台面上摇匀，使上层培养基铺满平板。

(4) 凝固后，置 37℃恒温培养箱中培养 16~24h。

4. 观察并统计结果

仔细观察平板上形成的噬菌斑，记录不同稀释度 3 次重复实验的噬菌斑数目于实验报告表格内，并选取 30~300 个噬菌斑的平板，取平均值，根据下列公式求得每毫升未稀释原液的噬菌体效价：

$$\text{噬菌体效价(pfu/ml)}=\text{噬菌斑数}\times\text{稀释倍数}\times 10$$

【结果与分析】

1. 观察和描述培养基上不同噬菌斑的形态特征。

2. 记录每一稀释度的噬菌斑数目于表 21-1 中。

表 21-1　不同稀释度噬菌斑数目

噬菌体稀释度	对照	10^{-4}	10^{-5}	10^{-6}	10^{-7}
噬菌斑数/个					

3. 噬菌体效价是多少？

【注意事项】

1. 整个实验操作过程都必须在无菌条件下进行，且操作时要特别注意“对号入座”。

2. 所用特异宿主菌必须是纯种。

3. 噬菌体对温度比较敏感，一般在 60℃时 5min 绝大多数噬菌体失活。因此，上层培养基的温度不应超过 50℃，且混合物加入上层培养基后应立即摇匀。

4. 上层和底层牛肉膏蛋白胨固体琼脂培养基的琼脂含量、噬菌体和特异宿主菌的比例及宿主菌浓度都要控制好，过高或过低均不能得到良好的结果。

【思考题】

1. 噬菌体效价的含义是什么?
2. 通过从固体培养基平板上得到的噬菌斑数目，如何计算噬菌体的效价?
3. 测定噬菌体效价，需严格控制哪些关键步骤才能提高结果的准确性?
4. 测定噬菌体效价有哪些理论和实践意义?

实验 22　不同类型微生物培养特征的比较

【实验原理】

将单个或少量微生物细胞接种到培养基中，在适合的培养条件下，微生物细胞能迅速繁殖，形成肉眼可见的细胞群体，人们把这个微生物细胞群体称为菌落。微生物的培养特征即指微生物在培养基中生长所呈现的群体形态特征。微生物群体在固体培养基上的特征包括菌落的大小、形态、表面状态、质地、有无光泽、颜色与透明度、气味等；在液体培养基中包括微生物的生长是否使培养液混浊、是否有沉淀、是否产生菌膜和菌环、气泡、颜色和气味等；在半固体培养基中包括生长状态、生长趋势、产酶特性、运动性和扩散能力等。

不同微生物培养的群体形态特征是不同的，同种微生物在不同的培养条件下其群体形态产生差异；但是，同种微生物在相同的培养条件下培养后，其生长过程、菌落形态和培养特征是大致相同的。因此，微生物的培养特征可以作为微生物分类和鉴定的重要指证；在生产实践中也可作为判断纯培养是否被污染的参考。

细菌、放线菌、酵母菌和霉菌等不同类群的微生物由于细胞形态、细胞结构、生理特性、营养方式和繁殖方式等方面的差异，在培养特征上也存在明显的差异。本实验主要比较不同类群微生物在固体培养和液体培养条件下的培养特性及差异。

【实验目的和要求】

1. 了解不同微生物在固体培养基上的生长过程和生长特征；

2. 了解不同微生物在液体培养基中的生长过程和生长特征；

3. 通过比较，说明培养条件对微生物生长的影响，认识微生物群体生长的作用和意义。

【实验器材】

1. 菌种

大肠杆菌、金黄色葡萄球菌、枯草芽孢杆菌、白地霉、酿酒酵母、米曲霉、黑曲霉、细黄链霉菌和灰色链霉菌等。

2. 培养基

马铃薯蔗糖培养基(固体、液体)、牛肉膏蛋白胨培养基(固体、液体)和高氏 I

号培养基(固体、液体)。

3. 仪器和用具

试管、培养皿、接种环、接种针、无菌吸管、恒温培养箱、恒温摇床、酒精灯、微波炉等。

【实验方法与步骤】

1. 固体培养基的熔化

将已经灭菌的固体培养基在微波炉中加热熔化，待培养基冷却到50℃左右，在每一培养皿中倒入10~15ml培养基，冷却后备用。

2. 标记

在马铃薯蔗糖培养基(固体、液体)上用记号笔表明酿酒酵母、米曲霉和黑曲霉菌株号、日期和接种人；在牛肉膏蛋白胨培养基(固体、液体)上标记大肠杆菌、金黄色葡萄球菌、枯草芽孢杆菌、白地霉等；在高氏I号培养基(固体、液体)上标记细黄链霉菌和灰色链霉菌。

3. 接种

接种过程参照实验12无菌操作和微生物接种技术。固体培养基接种时可采用划线接种(如细菌)和挑起小块培养基(如霉菌和放线菌，带有菌体)的方法；液体培养基接种时，尽量使菌体在培养液中分散，分布均匀。

4. 培养

将已接种的培养皿平板倒置，置28~30℃恒温培养箱中培养；装有液体培养基的已接种三角瓶置28~30℃恒温摇床中培养，培养3~5天后观察结果。

【结果与分析】

仔细观察、详细描述并列表比较各种微生物在不同培养条件下的培养特征，说明细菌、放线菌、酵母菌和霉菌的菌落差异。

【注意事项】

1. 整个实验过程必须严格无菌操作，任何污染都将影响实验结果。

2. 细菌接种可用接种环，而霉菌和放线菌接种需用接种针，注意应挑取少许附有培养物的培养基。

【思考题】

1. 在固体培养基上培养的细菌、放线菌、酵母菌和霉菌的菌落有什么差异？试分析造成这些差异的原因。

2. 通过本实验的结果，试分析固体培养和液体培养各有哪些优缺点？

实验 23　微生物的液体摇瓶培养

【实验原理】

摇瓶条件的确定是由所培养的微生物决定的。供氧能力的控制是由摇瓶培养基的装量和摇瓶转速来决定的。摇瓶的供氧是通过表面通气实现的，装量越少，气液界面就越大，因此供氧越多，常用的摇瓶装量一般为摇瓶体积的 1/10。同样的装量情况下，转速越高，供氧量就越大。常见的摇床转速是可调的，为了保持摇瓶的稳定，摇床的转速多采用 180~230r/min。为了防止染菌，摇瓶的瓶口通常包扎 8 层纱布，也可使用棉塞。有些对供氧要求较高的品种可用 6 层纱布。对于一些对氧需求旺盛的过程，也常常采用带挡板的摇瓶来提高氧的传递。摇瓶的规格很多，常用的有 250ml、500ml、1000ml 等。

【实验目的和要求】

摇瓶发酵技术是微生物发酵中较基础的方法，是实验室水平发酵培养的常用工具，也可以作为小型发酵罐种子的培养工具。掌握摇瓶的发酵技术，对于培养学生培养基配制、装料、灭菌、接种和培养等实验技能具有重要意义。

学习摇瓶培养法培养酿酒酵母。

【实验器材】

1. 菌种

酿酒酵母(*Saccharomyces cerevisiae*)。

2. 药品及仪器

酵母粉、葡萄糖、$(NH_4)_2SO_4$、KH_2PO_4，电子天平、电热恒温摇床，250ml 三角瓶、100ml 量筒、500ml 玻璃烧杯、称量纸、玻璃棒、纱布、牛皮纸、胶圈接种环、电炉、灭菌锅等。

3. 培养基配方

葡萄糖 25g、酵母粉 5g、$(NH_4)_2SO_4$ 2g、KH_2PO_4 1g、蒸馏水 1000ml，121℃下灭菌 25min。

【实验方法与步骤】

1. 根据培养基配方将除葡萄糖以外的成分溶于一定量的水中，搅拌均匀，塞上 8 层纱布，将纱布边缘向中心折至塞子状，蒙上牛皮纸，扎紧胶圈，在 121℃下灭菌 20~30min。

2. 根据比例称取葡萄糖配成水溶液，装入 250ml 的三角瓶中，用棉塞塞紧，其上包好牛皮纸，用胶圈扎紧，单独放在 115℃下灭菌 15min 待用。

3. 在超净工作台上将葡萄糖溶液根据装量的比例加入步骤 1 中的溶液，制成完整的培养基，塞上 8 层纱布，待用。

4. 在活化好的酿酒酵母斜面上挑取一环培养物，在火焰保护下迅速移入培养基，注意搅拌几下。

5. 取出接种环后小心将 8 层纱布的边缘拉开，变成平面状态，用胶圈扎紧 4 周，完成接种。

6. 将接种后的摇瓶夹在摇瓶机上的专有位置，调整摇床的温度至 30℃，转速为 180r/min，开始培养。

7. 48h 后结束培养，获得酿酒酵母培养液。

【结果与分析】

1. 观察摇瓶培养过程中培养物的变化。

2. 培养结束后，观察和计数培养物。

【注意事项】

1. 配制该实验培养基时，切记扣除一定量的水用于配制单独灭菌的葡萄糖溶液。

2. 该实验方法可用于各种好氧细菌、霉菌和放线菌的种子阶段、发酵阶段的培养，既可以获得液体摇瓶种子，也可以获取少量的发酵产物。

【思考题】

1. 为什么将葡萄糖溶液单独消毒？

2. 如何确定葡萄糖溶液的浓度？

实验 24　微生物菌种保藏

【实验原理】

菌种保藏主要是根据微生物生理生化特点，人工地制造环境条件，使微生物处于代谢不活跃状态及生长繁殖受抑制的休眠状态，通常基于温度、水分、通气、营养成分等方面考虑，使菌种暂时处于休眠状态。

低温、干燥和隔绝空气是使微生物代谢能力降低的重要因素，所以菌种保藏方法虽然多，但都是根据这三个因素设计的。保藏方法大致可以分为以下几种。

(1) 传代培养保藏法：又分为斜面培养、穿刺培养、疱肉培养基培养(用于保藏厌氧菌)等，培养后于 4℃冰箱内保存。

(2) 液体石蜡覆盖保藏法：是传代培养的变相方法，能够适当延长保藏时间，它是在斜面培养物和穿刺培养物上面覆盖灭菌的液体石蜡，一方面可防止因培养基水分蒸发而引起的菌种死亡；另一方面可阻止氧气进入，减少代谢作用。

(3) 载体保藏法：是将微生物吸附在适当的载体如土壤、沙子、硅胶、滤纸上，然后进行干燥保藏的方法，如沙土管保藏法和滤纸保藏法的应用相当广泛。

(4) 冷冻保藏法：可以使用低温冰箱、干冰乙醇快速冻结(约−70℃)和液氮

(−196℃)保藏。

(5) 冷冻干燥保藏法：先使微生物在低温下迅速冷冻，然后在减压条件下利用升华现象除去水分(低温真空干燥)。

有些方法如滤纸保藏法、液氮保藏法和冷冻干燥保藏法等均需要使用保护剂来制备细胞悬液，以防止冷冻或水分不断升华对细胞的损伤。保护剂溶质可通过氢和离子键对水及细胞所产生的亲和力来稳定细胞成分的构型。保护剂有牛乳、血清、糖类、甘油、二甲基亚砜等。

【实验目的和要求】

1. 学习和掌握微生物菌种保藏的基本原理及常用的斜面传代、液体石蜡、沙土管、冷冻干燥保藏方法；

2. 比较几种不同菌种保藏方法的优缺点。

【实验器材】

1. 菌种

细菌、酵母菌、放线菌和真菌。

2. 培养基

牛肉膏蛋白胨培养基斜面(培养细菌)、麦芽汁培养基斜面(培养酵母菌)、高氏Ⅰ号培养基斜面(培养放线菌)、马铃薯蔗糖培养基斜面(培养丝状真菌)。

3. 试剂

无菌水、液体石蜡、五氧化二磷、脱脂奶粉、干冰、95%乙醇、10%盐酸、河沙、瘦黄土或红土、冰块、食盐、无水氯化钙等。

4. 用具

无菌试管(带棉塞或硅胶塞)、无菌吸管、无菌滴管、灭菌培养皿、接种环、40 目及 100 目筛子、干燥器、管形安瓿管或泪滴形安瓿管(长颈球形底)、真空冷冻干燥机、真空泵、酒精喷灯、三角瓶(250ml)、冰箱、低温冰箱(−30℃)、液氮冷冻保藏器等。

【实验方法与步骤】

以下不同方法可根据实验室具体条件与需要选用。

1. 斜面传代保藏法

(1) 斜面接种：将待保藏的菌种用接种环以无菌操作法移接至相应的试管斜面培养基上，菌种选择方面应注意细菌和酵母菌宜采用对数生长期的菌体，而放线菌和丝状真菌宜采用成熟的孢子。

(2) 培养：细菌 28~37℃恒温培养 18~24h，酵母菌于 28~30℃培养 36~60h，放线菌和丝状真菌置于 28℃培养 4~7 天。

(3) 保藏：待菌充分生长后，放入 4℃冰箱保藏。为防止棉塞受潮长杂菌，管口棉花(硅胶塞)应用牛皮纸包扎。

保藏时间依微生物种类而不同，酵母菌、丝状真菌、放线菌及有芽孢的细菌可保存 2~6 个月，移种一次；而不产芽孢的细菌最好每月移种一次。此法为实验室和工厂菌种室常用的保藏方法，优点是操作简单、使用方便、不需要特殊设备；缺点是容易变异，因为培养基的物理、化学特性不是严格恒定的，屡次传代会使微生物的代谢改变，影响微生物的性状，长期传代杂菌污染的概率较高。

2. 液体石蜡保藏法

(1) 液体石蜡灭菌：在 250ml 三角瓶中装入 100ml 液体石蜡，塞上棉塞(硅胶塞)，并用牛皮纸包扎，121℃湿热灭菌 30min，然后于 40℃温箱中放置 10~20 天 (或置于 105~110℃烘箱中 1 h)，以除去石蜡中的水分，备用。

(2) 接种培养：同斜面传代保藏法。将需要保藏的菌种在最适宜的斜面培养基上培养，从而得到健壮的菌体和孢子。

(3) 加液体石蜡：用无菌滴管吸取灭菌的液体石蜡加到已长好的菌种斜面上，加入量以高出斜面顶端约 1cm 为宜，使菌种与空气隔绝。

(4) 保藏：棉塞或硅胶塞外包牛皮纸，将试管直立置于 4℃冰箱中保存。

利用这种保藏方法，霉菌、放线菌、有芽孢细菌可保藏 2 年左右，酵母菌可保藏 1~2 年，一般无芽孢细菌也可保藏 1 年左右。此法的优点是制作简单、不需要特殊设备，且不需要经常移种；缺点是保存时必须直立放置，所占空间较大，也不便携带。从液体石蜡下面取培养物移种后，接种环在火焰上灼烧时，培养物容易与残留的液体石蜡一起飞溅，应特别注意。

(5) 恢复培养：用接种环从液体石蜡下挑取少量菌种，在试管壁上轻靠几下，尽量使油滴净，再接种于新鲜培养基中培养。由于菌体表面沾有液体石蜡，生长较慢且有黏性，一般需转接 2 次才能获得良好菌种。

3. 沙土管保藏法

(1) 沙土处理

1) 沙处理：取河沙经 40 目过筛，去除大颗粒，加 10%盐酸浸泡(用量以浸没沙面为宜)2~4h(或煮沸 30min)，以除去有机杂质，然后倒去盐酸，用清水冲洗至中性，烘干或晒干，备用。

2) 土处理：取非耕作层瘦黄土(不含有机质)，加自来水浸泡洗涤数次，直至中性，然后烘干，粉碎，用 100 目过筛，去除粗颗粒后备用。

(2) 装沙土管

将沙与土按 2∶1、3∶1 或 4∶1(*w*/*w*)比例混合均匀装入试管中(10mm×100mm)至约 7cm 高，加棉塞并外包牛皮纸，121℃湿热灭菌 1h，或间歇灭菌 2~3 次，然后烘干。

(3) 抽样进行无菌试验

每 10 支沙土管任抽一支，取少许沙土接入牛肉膏蛋白胨或麦芽汁培养液中，在最适的温度下培养 2~4 天，确定无菌生长时才可使用。若发现有杂菌，经重新灭菌后，再做无菌试验，直到合格。

(4) 制备菌液及取样

用 5ml 无菌吸管分别吸取 3ml 无菌水至待保藏的菌种斜面上，用接种环轻轻搅动，制成悬液，用 1ml 吸管吸取菌悬液 0.1~0.5ml 加入沙土管中，用接种环拌匀(加入菌液量以湿润沙土达 2/3 高度为宜)。

(5) 干燥

将含菌的沙土管放入干燥器中，干燥器内用培养皿盛五氧化二磷作为干燥剂，可再用真空泵连续抽气 3~4h，加速干燥。将沙土管轻轻一拍，沙土呈分散状即达到充分干燥。

(6) 保藏

沙土管可选择下列方法之一来保藏：

1) 保存于干燥器中；

2) 用石蜡封住棉花塞后放入冰箱保存；

3) 将沙土管取出，管口用火焰熔封后放入冰箱保存；

4) 将沙土管装入有 $CaCl_2$ 等干燥剂的大试管中，塞上橡皮塞或木塞，再用蜡封口，放入冰箱中或室温下保存。

(7) 恢复培养

使用时挑取少量混有孢子的沙土，接种于斜面培养基上，或液体培养基内培养即可，原沙土管仍可继续保藏。

此法适用于保藏能产生芽孢的细菌及形成孢子的霉菌和放线菌，可保存 2 年左右，但不能用于保藏营养细胞。

4. 冷冻干燥保藏法

(1) 准备安瓿管

用于冷冻干燥菌种保藏的安瓿管宜采用中性玻璃制造，形状可用长颈球形底的，亦称为泪滴形安瓿管，大小要求外径 6~7.5mm，长 105mm，球部直径 9~11mm，壁厚 0.6~1.2mm。用 10%HCl 浸泡 8~10h 后用自来水冲洗多次，最后用去离子水洗 1~2 次，烘干，将印有菌名和接种日期的标签放入安瓿管内，有字的一面朝向管壁。管口加棉塞，0.1MPa，121℃湿热灭菌 30min。

(2) 制备脱脂牛奶

将脱脂奶粉配成 20%乳液，然后分装，121℃湿热灭菌 30min，并做无菌检测试验。

(3) 制备菌液及分装

选用无污染的纯菌种，培养时间：一般细菌为 24~48h，酵母菌为 3 天，放线菌与丝状真菌 7~10 天(细菌和酵母菌的菌龄要求超过对数生长期，若用对数生长期的菌种进行保藏，其存活率反而降低)。吸取 3ml 无菌脱脂牛奶直接加入斜面菌种管中，用灭菌接种环轻轻搅动菌落，再用手摇动试管，制成均匀的细胞或孢子悬液。用无菌长滴管将菌液分装于安瓿管底部，每管装 0.2ml。

(4) 菌液预冻

将分装好的安瓿管放在低温冰箱中冷冻，无低温冰箱可用冷冻剂如干冰乙醇液或干冰丙酮液，温度可达−70℃。将安瓿管插入冷冻剂，只需冷冻 4~5min，即可使悬液结冰。

(5) 真空冷冻干燥

真空冷冻干燥时需要样品保持在冻结状态，可准备冷冻槽，槽内放碎冰块与食盐，混合均匀预冷至−15℃。完成预冷后，将冷冻好的、装有菌液样品的安瓿管仅底部与冰面接触(此处温度约−10℃)，以保持安瓿管内的悬液仍呈固体状态。开启真空冷冻干燥机和真空泵，应在 5~15min 内使真空度达 66.7Pa 以下，使被冻结的悬液开始升华。当真空度达到 13.3~26.7Pa 时，冻结样品逐渐被干燥成白色片状，继续抽气，彻底去除水分。总干燥时间应根据安瓿管的数量、悬浮液装量及保护剂性质来定，一般 6~8h 即可。

(6) 封口样品

抽真空干燥后，取出安瓿管，接在封口用的玻璃管上，用 L 形五通管继续抽气，约 10min 即可达到 26.7 Pa。于真空状态下，在安瓿管棉塞的稍下部位用酒精喷灯火焰灼烧，拉成细颈并熔封，然后置 4℃冰箱内保藏。

(7) 恢复培养

用 75%乙醇消毒安瓿管外壁后，在火焰上烧热安瓿管上部，然后将无菌水滴在烧热处，使管壁出现裂缝，放置片刻，让空气从裂缝中缓慢进入管内后，将裂口端敲断，放置在最适温度下培养。

此法为菌种保藏方法中最有效的方法之一，对一般生活力强的微生物及其孢子及无芽孢菌都适用，即使对于一些很难保存的致病菌，如脑膜炎球菌与淋病球菌等亦能保存。冷冻干燥保藏法综合利用了各种有利于菌种保藏的因素(低温、干燥和缺氧等)，保存时间可长达 10 年以上，但设备和操作都比较复杂。

【结果与分析】

结合自身实验操作体会，比较分析各种菌种保藏方法的优缺点。

【注意事项】

1. 在菌种的保藏过程中一定要养成很好的无菌操作习惯，保持无菌操作意识。

2. 从液体石蜡封藏的菌种管中挑菌后，接种环上带有油和菌，故接种环在火焰上灭菌时要先在火焰边烤干再直接灼烧，以免菌液四溅，引起污染和烫伤。

【思考题】

1. 几种菌种保藏方法各适合怎样的实验菌种？

2. 如何确保实验菌种不易发生变异或退化？

第三章　微生物的生长和数量的测定

实验 25　微生物的显微计数法

【实验原理】

显微镜直接计数法是将小量待测样品的悬浮液置于一种特别的、具有确定面积和容积的载玻片上(又称计菌器)，于显微镜下直接计数的一种简便、快速、直观的方法。

目前国内外常用的计菌器有：血细胞计数板、Peteroff-Hauser 计菌器及 Hawksley 计菌器等，它们都可用于微生物单细胞(孢子)等悬液的计数，基本原理相同。血细胞计数板较其他两种计菌器厚，不能用油镜，常用于细胞个体相对较大的酵母菌细胞和霉菌孢子计数。后两种计菌器较薄，盖上盖玻片后，总容积为 $0.02mm^3$，而且盖玻片和载玻片之间的距离只有 0.02mm，因此可用油浸物镜对细菌等较小的细胞进行观察和计数。除了用这些计菌器外，还有在显微镜下直接观察涂片面积与视野面积之比的估算法，此法一般用于牛乳的细菌学检查。

显微镜直接计数法的优点是直观、快速、操作简单。但此法的缺点是所测得的结果通常是死菌体和活菌体的总和。目前已有一些方法可以克服这一缺点，如结合活菌染色微室培养(短时间)及添加细胞分裂抑制剂等方法来达到只计数活菌体的目的。本实验以常用的血细胞计数板为例，对显微镜直接计数法的操作方法及操作要点进行介绍。

用血细胞计数板在显微镜下直接计数是一种常用的微生物计数方法。该计数板是一块特制的厚载玻片，其上由 4 条槽构成 3 个平台，中间较宽的平台又被一短横槽隔成两半，每一边的平台上各列有一个方格网，每个方格网共分为 9 个大方格，中间的大方格即为计数室。血细胞计数板的构造如图 25-1 所示。计数室的刻度一般有两种规格：一种是一个大方格分成 25 个中方格，而每个中方格又分成 16 个小方格；另一种是一个大方格分成 16 个中方格，而每个中方格又分成 25 个小方格，无论是哪一种规格的计数板，每一个大方格中的小方格都是 400 个。每一个大方格边长为 1mm，则每一个大方格的面积为 $1mm^2$，盖上盖玻片后，盖玻片与载玻片之间的高度为 0.1mm，所以计数室的容积为 $0.1mm^3$(万分之一毫升)。

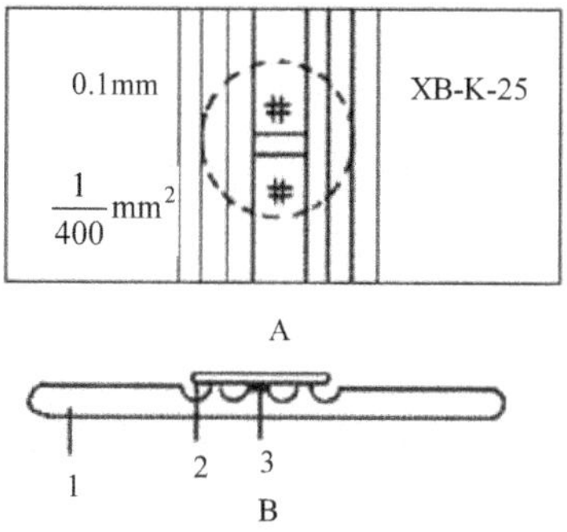

血细胞计数板构造(一)
A. 正面图；B. 纵切面图
1. 血细胞计数板；2. 盖玻片；3. 计数室

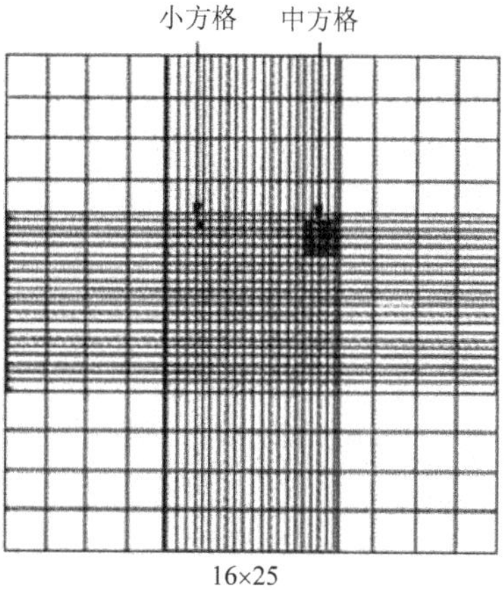

血细胞计数板构造(二)
放大后的方网格，中间大方格为计数室

图 25-1　血细胞计数板构造

计数时，通常数 5 个中方格的总菌数，然后求得每个中方格的平均值，再乘上 25 或 16，就得出 1 个大方格中的总菌数，然后再换算成 1ml 菌液中的总菌数。

设 5 个中方格中的总菌数为 A，菌液稀释倍数为 F，若为 25 个中方格的计数板，则 1ml 菌液样品中的总菌数按如下公式计算：

$$样品中菌数(个/ml)=A/5\times 25\times 10^4\times \mathrm{F}=50\,000A\times F(个)$$

同理，若是 16 个中方格的计数板，1ml 菌液样品中的总菌数按如下公式计算：

$$样品中菌数(个/ml)=A/5\times 16\times 10^4\times F=32\,000A\times F(个)$$

【实验目的和要求】

1. 学习并掌握血细胞计数板的结构及计数原理；
2. 掌握使用血细胞计数板进行微生物计数的方法。

【实验器材】

1. 菌种

酿酒酵母(*Saccharomyces cerevisiae*)培养 24~48h 的麦芽汁或 PDA 斜面培养物。

2. 试剂

无菌生理盐水。

3. 器材

血细胞计数板、显微镜、吸管(1ml)、盖玻片、无菌毛细滴管、试管、吸水滤纸等。

【实验方法与步骤】

1. 制备菌悬液

将酵母培养液振荡摇匀，用 1ml 吸管取样品 1ml 移入盛有 9ml 无菌生理盐水的试管中，振荡混匀，即得 1/10 稀释菌液(也可取斜面培养物将酿酒酵母制成浓度适当的菌悬液)。

2. 镜检计数室

在加样前，应先对计数板的计数室进行镜检。若有污物，可先用自来水冲洗，然后用 95%乙醇棉球擦拭，最后再用自来水冲洗数次，吹干后才能进行计数。

3. 加样品

将洁净干燥的血细胞计数板盖上盖玻片，再用无菌毛细滴管将摇匀的酿酒酵母菌悬液由盖玻片边缘滴一小滴，让菌液沿缝隙靠毛细渗透作用自动渗入计数室 I，并用吸水滤纸吸去盖玻片上多余菌液，一般计数室均能充满菌液。

4. 显微镜计数

加样后静止 5min，然后将血细胞计数板置于显微镜载物台上，先用低倍镜找到计数室所在位置，然后换成高倍镜进行计数。依次对左上角、右上角、左下角、右下角及中央 1 个中格中的菌体进行计数。

在计数前若发现菌液太浓或太稀，需重新调节稀释度后再计数。一般样品稀释度要求每小格内有 5~10 个菌体为宜。位于格线上的菌体一般只数上方和右边线上的。如遇酵母出芽，芽体大小达到母细胞的一半时，即作为 2 个菌体计数。

5. 按步骤 3 和 4 的方法对计数室 II 内菌体进行计数

两个计数室中计得的平均数值即样品的含菌量。

6. 清洗血细胞计数板

使用完毕后，将血细胞计数板用自来水冲洗干净，切勿用硬物洗刷。洗完后自行晾干或用吹风机吹干。镜检，观察每小格内是否有残留菌体或其他沉淀物。若不干净，则必须重复洗涤至洁净为止。最后将血细胞计数板包好，放入盒内保存。

【结果与分析】

将实验结果记录于表 25-1 中。*A* 表示 5 个中方格的总菌数；*F* 表示待测菌液稀释倍数。

表 25-1 酵母菌细胞数的测定

	各中格中菌数					*A*	*F*	二室平均数	菌数/ml
	1	2	3	4	5				
计数室 I									
计数室 II									

【注意事项】

1. 取样时先要摇匀菌液，加样时计数室不可有气泡产生。

2. 加样后菌液需扩散均匀直至沉降到计数室底部时方可计数，且不能出现盖玻片被菌悬液顶浮的情况，否则影响实验结果。

3. 计数时，需调节显微镜光线至强弱适当(可适当关小彩虹光圈、降低聚光器及减弱光源强度)，否则视野中不易看清楚计数室方格线，或只见竖线或只见横线。

【思考题】

1. 实验过程中，哪些环节会影响血细胞计数板计数的准确度？应如何尽量减小误差?

2. 某发酵工厂要求检测安琪儿干酵母粉中菌体存活率，试设计可行的检测方法。

实验 26　光电比浊计数法

【实验原理】

微生物细胞是不透光的，一通过微生物细胞悬液的光束会由于被散射或被吸收而降低其透过量。微生物细胞悬液的浓度同光密度成正比，同透光度成反比；而光密度或透光度可以借分光光度计精确测出。因此，可用分光光度计来测定微生物细胞悬液的浓度。首先，用血细胞计数板计数某一微生物细胞悬液中的细胞浓度，随后将其做一系列的稀释，得到一系列已知细胞浓度的细胞悬浮液，通过分光光度计分别测定其光密度(简称 OD 值，应尽量控制在 0.1~0.8，以得到较高精确度)，以 OD 值作纵坐标，以微生物细胞浓度为横坐标，绘制标准曲线，然后将一待测微生物细胞悬液做适当稀释后，同法进行比浊测定，根据所测 OD 值就可以从标准曲线上查得其细胞浓度。

光电比浊计数法测定细胞浓度，简便、迅速，便于在生产实践中控制细胞的数目。

【实验目的和要求】

1. 了解光电比浊计数法的原理；

2. 学习光电比浊计数的操作方法。

【实验器材】

酿酒酵母(*Saccharomyces cerevisiae*)培养液，72 型或 721 型分光光度计、血细胞计数板、显微镜、试管、吸管、吸水纸、无菌生理盐水等。

【实验方法与步骤】

1. 标准曲线制作

(1) 编号：取无菌试管 7 支，分别用记号笔将其编号为 1、2、3、4、5、6、7。

(2) 调整菌悬液浓度：用血细胞计数板计数酿酒酵母培养液的细胞浓度，并用无菌生理盐水分别稀释，调整为每毫升 12×10^6、10×10^6、8×10^6、6×10^6、4×10^6、2×10^6、1×10^6 个细胞的细胞悬液，再分别装入已编号为 1~7 号的无菌试管中。

(3) 测 OD 值：分别将 1~7 号不同浓度的菌悬液摇匀，测定其 560nm 处 OD 值。比色时，以无菌生理盐水作空白对照。

(4) 以光密度(OD)为纵坐标，以细胞悬液浓度为横坐标，绘制标准曲线。

2. 样品测定

(1) 将待测样品用无菌生理盐水适当稀释，摇匀后，测定其 560nm 处 OD 值。测定时同样以无菌生理盐水作空白对照。

(2) 根据所测光密度值，从标准曲线查得样品的细胞浓度。

【结果与分析】

样品原液的细胞浓度 ＝ 标准曲线查得的样品细胞浓度×稀释倍数

【注意事项】

1. 无论是标准曲线的制作，还是样品的测定，在测定 OD 值时，必须先将悬浮液充分摇匀后才能倒入比色皿进行测定，且测定操作应尽量迅速，以免比色皿中的悬浮液再次沉淀，减少测定结果误差。

2. 光电比浊计数法不适用于颜色太深的样品或含有其他不溶性物质的样品。

【思考题】

1. 微生物光电比浊计数的原理是什么？这种计数法有何优缺点？

2. 微生物光电比浊计数法在生产实践中有何应用价值？

实验 27　稀释平板菌落计数法

【实验原理】

稀释平板菌落计数法是将待测样品制成菌悬液，经过一系列稀释后，使其中的微生物均匀地分散成单个细胞，精确取一定量的稀释样液接种到特定培养基平板上并尽量涂匀。经过培养，每个单细胞生长繁殖形成肉眼可见的菌落。统计菌落数，根据稀释倍数和取样接种量即可换算出样品中的含菌数。但因为理论上一个单菌落代表原样品中的一个单细胞，而实际上长成的一个单菌落也可能来自样品中的 2~3 个或更多个细胞。所以平板菌落计数的结果往往偏低，现在已倾向使用菌落形成单位(colony-forming unit，cfu)而不以绝对菌落数来表示样品的活菌含量。稀释平板菌落计数法的最大优点是可以获得活菌的信息，被广泛用于生物制品检验，以及食品、饮料和水源等的含菌指数或污染程度的检测。

【实验目的和要求】

学习并掌握平板菌落计数和梯度稀释的基本原理及方法。

【实验器材】

1. 菌种

放线菌。

2. 培养基

高氏 I 号培养基。

3. 仪器或其他用具

无菌吸管、无菌培养皿、盛有 100ml 无菌水并带玻璃珠的三角瓶、盛有 4.5ml 无菌水的试管、试管架、恒温培养箱等。

【实验方法与步骤】

1. 编号

取无菌培养皿 9 副，分别用记号笔标明 10^{-5}、10^{-6}、10^{-7} 稀释度各 3 副。另取 5 支盛有 4.5ml 无菌水的试管，依次标明 10^{-3}、10^{-4}、10^{-5}、10^{-6}、10^{-7}。

2. 稀释

从装有 100ml 无菌水的三角瓶中取 5ml 无菌水放入已形成丰富孢子的放线菌试管斜面中，将孢子洗下并倒入三角瓶中，此时已稀释 100 倍。将三角瓶包好并用手或置摇床上振荡 20min，打散孢子并使其充分混匀，静置 20~30s。

用 1ml 无菌吸管插入装有孢子悬液的三角瓶中，取 0.5ml 菌液放到 10^{-3} 的试管中并来回吹吸 3 次，此即 1000 倍稀释。其余依此类推。

3. 倒平板

将熔化后并冷却到 50℃左右的高氏 I 号培养基倒入培养皿，每个培养皿大约 15ml，凝固。

4. 接种

用无菌吸管吸取 10^{-5}、10^{-6}、10^{-7} 的稀释孢子悬液，对号放入不同稀释度编号的琼脂平板上(每个编号设 3 个重复)，每个皿放 0.1ml 孢子悬液。再用无菌涂布棒在平板上涂抹均匀，每个稀释度用一个灭菌涂布棒，更换稀释度时需将涂布棒灼烧灭菌。将涂布好的平板在工作台上静置 20~30min，使菌液渗入培养基。

5. 培养

将接种好的放线菌平板倒置(即皿盖朝下放置)，于 28~30℃恒温培养箱中培养 5~7 天。

6. 计数

取出培养平板，统计出同一稀释度 3 个平板上的菌落平均数。一般选择平均菌落数在 30~300 个的稀释度作为菌落总数测定标准比较合适。同一稀释度的 3 个重复对照的菌落数不应相差很大，否则表示实验误差太大。另外由 10^{-5}、10^{-6}、10^{-7} 3 个稀释度计算出的每毫升菌悬液中菌落形成单位数也不应相差太大。

每毫升中菌落形成单位(cfu)=同一稀释度 3 次重复的平均菌落数 × 稀释倍数 × 10

【结果与分析】

将实验结果填入表 27-1，计算结果时，从接种后的 3 个稀释度中选择一个合适的稀释度，求出每毫升菌悬液中的含菌数。

表 27-1　活菌计数实验结果

稀释度	空白对照	10^{-5}				10^{-6}				10^{-7}			
		1	2	3	平均	1	2	3	平均	1	2	3	平均
cfu 数/平板													
每毫升中的 cfu 数													

【注意事项】

1. 每一支吸管只能接触一个稀释度的菌悬液，因此放菌液时吸管不能碰到液面，否则影响稀释浓度，结果误差较大。

2. 不要用 1ml 吸管尖部吸取度量 0.1ml 稀释液，这样容易加大同一稀释度几个重复平板间的操作误差。

3. 梯度稀释时，每稀释 10 倍，必须更换一次移液管，使计数准确。

4. 稀释平板菌落计数法，稀释度的选择很重要。一般以 3 个连续稀释度中的第二个稀释度倒平板培养后的平均菌落数是 50 个左右为好，否则要对所选稀释度进行调整。

【思考题】

1. 要使平板菌落计数准确，操作时需要注意哪些关键问题？为什么？

2. 比较稀释平板菌落计数法和显微镜直接计数法的优缺点及应用。

实验 28　微生物生长曲线的测定

【实验原理】

生长曲线是将少量纯种单细胞微生物接种到定量的液体培养基中，定时取样测定细胞数量，以培养时间为横坐标，以菌数的对数值或生长速率为纵坐标作图，所绘制的曲线称为该细菌的生长曲线。大多数细菌的繁殖速率很快，如在合适的培养条件下，一定时期的大肠杆菌细胞每 20min 分裂一次。但是，不同的细菌在相同的培养条件下其生长曲线不同，同样的细菌在不同的培养条件下所绘制的生长曲线也不相同。测定细菌的生长曲线，了解其生长繁殖规律，这对人们根据不同的需要，有效地利用和控制细菌的生长具有重要意义。

用于测定细菌细胞数量的方法已在上述实验中做了介绍。本实验用分光光度计(spectrophotometer)通过光电比浊计数法测定不同培养时间细菌悬浮液的 OD 值，绘制生长曲线。也可以直接用试管或带有测定管的三角瓶测定“klett unit”值的光度计。只要接种 1 支试管或 1 个带测定管的三角瓶，在不同的培养时间(横坐标)取样测定，以测得的 klett unit 为纵坐标，便可很方便地绘制出细菌的生长曲线。如果需要，可根据公式 1klett unit=OD/0.002 换算出所测菌悬液的 OD 值。

【实验目的和要求】

1. 进一步学习光电比浊计数法测量细菌数量的方法；
2. 通过细菌数量的测量了解大肠杆菌的生长特征和规律，并绘制生长曲线。

【实验器材】

1. 菌种

37℃培养 10~12h 的大肠杆菌培养液。

2. 培养基

LB 液体培养基 12 支(10ml/支)。

3. 器材

722 型分光光度计、水浴振荡摇床、无菌试管、无菌吸管等。

【实验方法与步骤】

1. 分光光度计的调试

(1) 预热

开电源，仪器预热 30min。

(2) 调节波长

将波长调至 600nm 处。

(3) 校正

打开样品室，将挡光体插入比色皿架，将其推或拉入光路。盖好样品室盖，按%T 键调零透射比；取出挡光体，按 100%/OA 调 100%透射比。

2. 生长曲线的测定

(1) 标记

取 11 支无菌大试管，用记号笔分别标明培养时间，即 0h、1.5h、3h、4h、6h、8h、10h、12h、14h、16h 和 20h，另一支注明对照。

(2) 接种

分别用 1ml 无菌吸管吸取 0.5ml 大肠杆菌培养液(培养 10~12h)分别转入 11 支盛有 10ml LB 液的试管内，并混合均匀。

(3) 振荡培养

将已接种的试管置摇床 37℃振荡培养(振荡频率 250r/min)，分别培养 0h、1.5h、3h、4h、6h、8h、10h、12h、14h、16h 和 20h，将标有相应时间的试管取出，立即放冰箱中储存，最后一同比浊测定其光密度值。

(4) 比浊测定

用未接种的 LB 液体培养基作空白对照，选用 600nm 波长进行光电比浊测定。从最早取出的培养液开始依次测定，对菌体密度大的培养液用 LB 液体培养基适当稀释后测定，使其光密度值为 0.1~0.65(测定 OD 值前，将待测定的培养液进行振荡，使菌体均匀分布)。

【结果与分析】

1. 将测定的 OD_{600} 值填入表 28-1。

表 28-1　大肠杆菌培养液 OD 值测定结果

培养时间/h	对照	0	1.5	3	4	6	8	10	12	14	16	20
光密度值 OD_{600}												

2. 绘制大肠杆菌的生长曲线。以培养时间为横坐标，以大肠杆菌菌悬液的光密度值为纵坐标，绘制大肠杆菌的生长曲线。

【注意事项】

1. 测定 OD_{600} 值时，要求从低浓度到高浓度测定。

2. 严格控制培养时间。

【思考题】

1. 与活菌计数法制作生长曲线比较，比浊测定法有何优缺点？

2. 大肠杆菌生长繁殖所经历的 4 个时期中，哪个时期(代)时最短(生长速率常数最大)？若菌体密度为 10^3 个细胞/ml，培养 4.5h 后，其密度高达 2×10^8 个细胞/ml，计算出其代时。

实验 29　微生物细胞大小的测定

【实验原理】

细胞的大小是微生物的一个基本形态特征。由于微生物细胞很小，其大小只能在显微镜下测量。用来测量微生物细胞大小的工具有目镜测微尺和镜台测微尺。

目镜测微尺(图 29-1)是一块可放在接目镜内隔板上的圆形小玻片，其中央刻有精确的一字型、十字型或网格型等分刻度。常见的有等分成 50 格或等分成 100 格等不同规格。

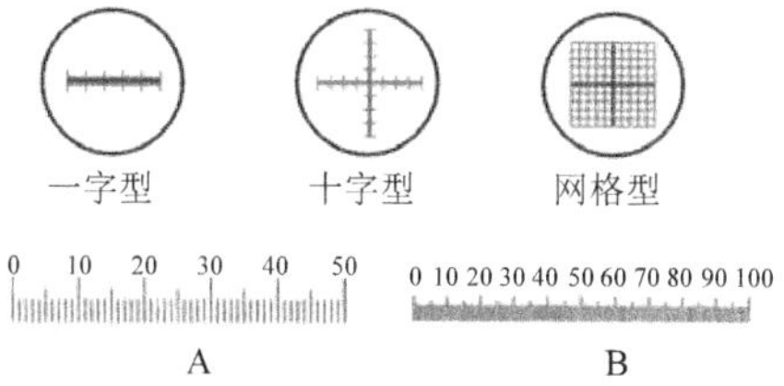

图 29-1　目镜测微尺及其不同规格类型

镜台测微尺(图 29-2)是一种中央部分刻有精确等分线的载玻片，一般有将 1mm 等分为 100 格，或将 2mm 等分为 200 格等不同规格，每格长度等于 10 μm (即 0.01mm)，是专用于校正目镜测微尺每格长度的。

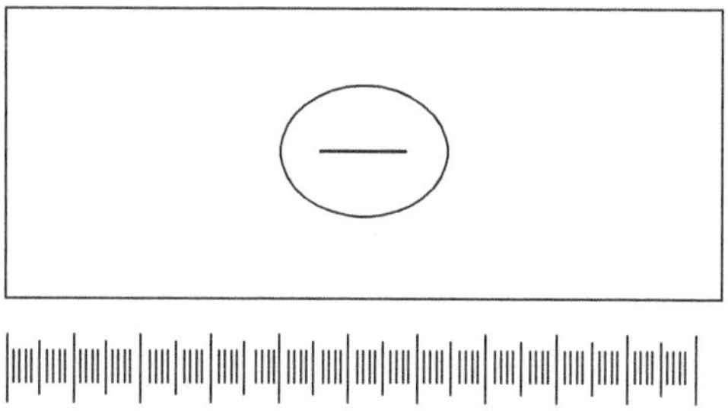

图 29-2　镜台测微尺(上)及其中央刻度的放大(下)

由于显微镜所用接目镜放大倍数和接物镜放大倍数的不同，置于接目镜内隔板上目镜测微尺的每小格所代表的实际长度也就不同。所以，目镜测微尺不能直接用来测量微生物的大小。在使用前必须用镜台测微尺进行校正，以求得在一定放大倍数的接目镜和接物镜下目镜测微尺每小格的相对值，然后才可用来测量微生物的大小。

校正时，将镜台测微尺置于载物台上，由于镜台测微尺与细胞标本处于同一位置，都要经过接物镜和接目镜的两次放大成像进入视野，从镜台测微尺上得到的读数就是细胞的实际大小。所以，用镜台测微尺的已知长度在一定放大倍数下校正目镜测微尺，即可求出目镜测微尺每格所代表的实际长度，然后移去镜台测微尺，换上待测标本片，用校正好的目镜测微尺在同样放大倍数下测量微生物细胞的大小。

【实验目的和要求】

学习并掌握用显微测微尺测量微生物细胞大小的基本原理和方法。

【实验器材】

1. 菌种

酿酒酵母(*Saccharomyces cerevisiae*)染色玻片标本、枯草芽孢杆菌(*Bacillus subtilis*)染色玻片标本。

2. 器材

显微镜、目镜测微尺、镜台测微尺、擦镜纸、香柏油、酒精灯等。

【实验方法与步骤】

1. 目镜测微尺的校正

(1) 放置目镜测微尺

取出接目镜，旋开接目镜透镜，将目镜测微尺的刻度朝下放在接目镜筒内的隔板上，然后旋上接目镜透镜，最后将此接目镜插入镜筒内(图 29-3A)。

(2) 放置镜台测微尺

将镜台测微尺置于显微镜的载物台上，使刻度面朝上。

(3) 校正目镜测微尺

先用低倍镜观察，对准焦距，当看清镜台测微尺后，转动接目镜，使目镜测微尺的刻度与镜台测微尺的刻度平行，移动载物台，使目镜测微尺和镜台测微尺的某一区间的两对刻度线完全重合，然后计数出两对重合线之间各自所占的格数(图 29-3 B)。

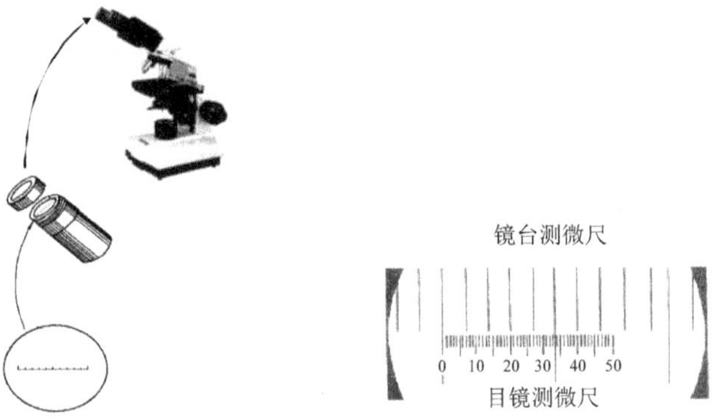

A　　B

图 29-3　目镜测微尺的安装(A)及其校正(B)

由于已知镜台测微尺每小格长度为 10μm，根据计数得到的目镜测微尺和镜台测微尺两对重合线之间各自所占的格数，可通过如下公式换算出低倍镜下目镜测微尺每小格所代表的实际长度：

$$\text{目镜测微尺每小格的长度}(\mu m)=\frac{\text{两对重合线间镜台测微尺格数}\times 10}{\text{两对重合线间目镜测微尺格数}}$$

同法校正在高倍镜和油镜下目镜测微尺每小格所代表的长度。

2. 微生物细胞大小的测定

目镜测微尺校正后，移去镜台测微尺，换上枯草芽孢杆菌染色玻片标本，校正焦距使菌体清晰，转动目镜测微尺(或染色标本)，测出枯草芽孢杆菌的长和宽各占几小格，将测得的格数乘以目镜测微尺每小格所代表的长度，即可换算出此单个菌体的大小。微生物细胞的大小一般用对数生长期的菌体进行测定，而且在同一涂片上需测定 10~20 个菌体，求出其平均值，才能代表该菌的大小。

同法测定酿酒酵母的长和宽。

3. 取出目镜测微尺，将接目镜放回镜筒，再将目镜测微尺和镜台测微尺分别用擦镜纸擦拭后，放回盒内保存。

【结果与分析】

1. 将目镜测微尺校正结果填入表 29-1。

表 29-1 目镜测微尺校正结果

接物镜	接目镜倍数	目镜测微尺格数	镜台测微尺格数	目镜测微尺每格代表的长度/μm
低倍镜				
高倍镜				
油镜				

2. 将在高倍镜下测量的枯草芽孢杆菌大小的结果填入表 29-2。

表 29-2 高倍镜下菌体测量结果

菌体编号	长		宽		菌体大小(平均值) 长/μm × 宽/μm
	目镜测微尺格数	菌体长度/μm	目镜测微尺格数	菌体宽度/μm	
1					
2					
3					
4					
5					
6					
7					
8					
9					
10					

【注意事项】

1. 校正目镜测微尺时要格外小心，以免接物镜压坏镜台测微尺。

2. 校正目镜测微尺时，要注意准确对准目镜测微尺和镜台测微尺的重合线，并寻找远端的重合线。

【思考题】

1. 当接目镜不变，目镜测微尺也不变，只改变接物镜时，目镜测微尺每格所量的实际长度是否相同？为什么？

2. 为什么更换不同放大倍数的接目镜或接物镜时，必须用镜台测微尺对目镜测微尺重新进行校正？

实验 30　环境因素对微生物生长的影响

【实验原理】

微生物的生命活动受外界环境因素的影响。外界环境条件适宜时，微生物进行正常生长繁殖；不适宜时，则会使微生物生长受到抑制或发生变异，甚至死亡。

影响微生物生命活动的环境因素有物理、化学和生物的因素。其中常见的物理因素包括温度、辐射、渗透压、干燥等；化学因素有营养条件、pH、氧气、各种抗微生物剂等；生物因素有噬菌体、各种抗生素等。

不同的环境因素对微生物生长繁殖的影响及其作用机制不尽相同；同一因素因浓度或作用时间不同，对微生物的影响也不一样；有的因素对某些微生物来讲是必需的，而对另一些微生物又是有害的。在有害因素中，有的表现为抑菌作用，有的表现为杀菌作用。

1. 温度

温度是影响微生物生长与存活的重要因素之一。当微生物处于最适生长温度时，其生长速度最快；不适宜的温度可以导致微生物的细胞形态和代谢改变或使微生物的蛋白质凝固变性而导致死亡。不同的微生物对温度变化的敏感性不同，对高温的抗性或低温的耐受性也各不相同。

2. 渗透压

渗透压对微生物的生长具有重大影响，只有在等渗溶液中，微生物才能正常生长、繁殖。当微生物细胞置于低渗溶液或纯水中时，菌体会吸水膨胀甚至破裂；如果将微生物细胞置于高渗溶液中，则菌体内的水分就会渗出，结果发生质壁分离现象。不同的细胞对高渗或低渗的抵抗力不同，但不论哪种微生物细胞，对渗透压的抵抗力都是有一定限度的，超过一定限度则使菌体的生长受到抑制，甚至死亡。

3. pH

环境酸碱度是影响微生物生长繁殖的一个重要化学因素。微生物作为一个整体，其生长繁殖的 pH 范围很广，但绝大多数种类的微生物都生长在 pH 5.0~9.0 之间，而每种微生物都有生长的最高、最适和最低 pH，不同的微生物要求的最适 pH 不同。一般来说，细菌和放线菌要求中性或微碱性的 pH，而酵母和霉菌则在偏酸的环境中生长。当环境中的 pH 超过或低于其适于生长的 pH 范围时，微生物的生长就会受到抑制。

4. 氧气

不同的微生物对氧的需求不同。根据微生物对氧的需求或所能耐受氧量的不同，可将微生物分为 5 种类型：好氧微生物(菌)必须在有氧的条件下生存，如枯草芽孢杆菌；微好氧菌则适于在氧浓度较低的环境中生长，如链球菌属中的个别种；专性厌氧菌则要求在完全无氧的条件下生长繁殖，分子氧对它们有害，如破伤风梭菌(*Clostridium tetani*)、丙酮丁醇梭菌(*C. acetobutylicum*)等；而兼性厌氧菌无论在有氧或无氧的条件下均能生长，一般在有氧条件下生长更快，如酵母菌、肠道杆菌等；除此之外，还有耐氧菌，它与兼性厌氧菌相似，在有氧和无氧条件下均能生长。

微生物生长繁殖过程中对氧的需求可以采用深层琼脂法来测定。在葡萄糖牛肉膏蛋白胨琼脂培养基试管中接入某种细菌，通过适宜条件培养，若微生物只在培养基的表面生长，则为好氧菌；只在培养基底部生长，则为厌氧菌；若全部培养基中都能生长，且表面生长状况更好的为兼性厌氧菌；若在全部培养基中都均匀生长，为耐氧菌；若生长在培养基的中上部，为微好氧菌(图 30-1)。这样，根据微生物在试管培养基中生长的部位，就可以判断各种微生物对氧的需要程度。

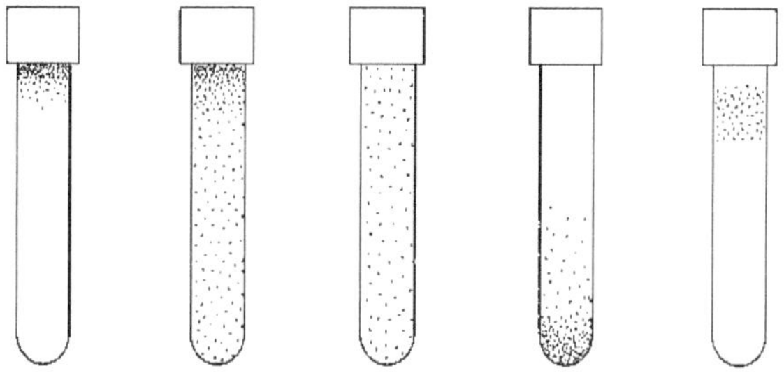

图 30-1　氧对微生物生长的影响

5. 化学消毒剂

化学消毒剂又称为表面消毒剂，是指对一切活细胞、病毒粒和生物大分子都有毒性，不能用作活细胞或机体内治疗用的化学药剂，常见的主要有重金属及其盐类，酚、醇、醛等有机化合物及碘、表面活性剂等。它们的抑菌和(或)杀菌作用主要是使菌体蛋白变性，或者与酶的—SH 结合而使酶失去活性所致。化学消毒剂的抑菌和(或)杀菌能力可通过滤纸片法粗略测定。

为了准确比较各种化学消毒剂的杀菌能力，常以石炭酸为标准，即将某一消毒剂做不同稀释后，在一定条件下、一定时间内致死全部供试微生物的最高稀释浓度，与达到同样效果的石炭酸最高稀释度的比值，称为这种消毒剂对该种微生物的石炭酸系数(酚系数)。石炭酸系数越大，说明该消毒剂杀菌能力越强。

6. 抗生素

抗生素是一类由微生物或其他生物生命活动过程中合成的次生代谢产物或其人工衍生物，它们在低浓度时就能干扰或抑制其他生物的生命活动，具有选择性地抑制或杀死其他微生物的作用。不同抗生素的抗菌谱是不同的，某些抗生素只对少数细菌有抗菌作用，如青霉素、多黏菌素等，这类抗生素称为窄谱抗生素；而另一些抗生素则对多种细菌有作用，如四环素、土霉素等，这类抗生素称为广谱抗生素。

如果将产生某种抗生素的菌，如产黄青霉、灰色链霉菌等划直线接种在豆芽汁葡萄糖琼脂培养基平板上，经培养后，就会长出一条菌带，并产生某种抗生素向菌带周围扩散。再与这条菌带相垂直划直线接种某些不同的试验菌，就会产生不同长度的抑菌带。根据抑菌带的长短，即可判断该抗生素对微生物影响的强弱。

【实验目的】

1. 了解影响微生物生长的各种环境因素及其作用机理；

2. 了解温度、渗透压、pH、氧气和抗生素对微生物生长的影响，掌握其研究方法；

3. 了解常用化学消毒剂对微生物生长的影响，学习测定石炭酸系数的方法。

【实验器材】

1. 微生物菌种

大肠杆菌(*Escherichia coli*)、金黄色葡萄球菌(*Staphylococcus aureus*)、白色葡萄球菌(*Staphylococcus albus*)、枯草芽孢杆菌(*Bacillus subtilis*)、丙酮丁醇梭菌(*Clostridium acetobutylicum*)、细黄链霉菌(*Streptomyces microflavus*，5406 放线菌)、灰色链霉菌(*Streptomyces griseus*)、酿酒酵母(*Saccharomyces cerevisiae*)、黑曲霉(*Aspergillus niger*)、产黄青霉(*Penicillium chrysogenum*)。

2. 培养基

(1) 牛肉膏蛋白胨液体培养基；

(2) 含 NaCl 量分别为 2%、10%、20%、40%的牛肉膏蛋白胨琼脂培养基；

(3) 含蔗糖量分别为 2%、10%、20%、40%的牛肉膏蛋白胨琼脂培养基；

(4) 豆芽汁葡萄糖琼脂培养基。

(5) PDA 培养基。

3. 溶液和试剂

无菌生理盐水、0.2mol/L K_2HPO_4 溶液、0.2mol/L H_3BO_3、0.1mol/L 柠檬酸溶液、0.2mol/L NaOH 溶液，2.5%碘酒、0.1%升汞($HgCl_2$)、5%石炭酸、75%乙醇、1%来苏尔、0.25%新洁尔灭。

4. 仪器和器具

酒精灯、接种环、接种针、无菌培养皿、无菌吸管、无菌试管、无菌三角瓶、恒温水浴锅、温度计、滤纸片等。

【实验方法与步骤】

1. 温度对微生物生长的影响

(1) 在培养 48h 的大肠杆菌和枯草芽孢杆菌的试管斜面内分别加入无菌生理盐水 5ml，用接种环刮下菌体，制成菌悬液。

(2) 取牛肉膏蛋白胨液体培养基试管 16 支，编号 1~16，并分别注明各管所接菌种的名称和处理的温度及时间。

(3) 在 1、3、5、7、9、11、13、15 号试管中分别接入大肠杆菌菌悬液 0.2ml，在 2、4、6、8、10、12、14、16 号试管中分别接入枯草芽孢杆菌菌悬液 0.2ml。

(4) 将已接种的 1~8 号管同时放入 50℃水浴中，10min 后取出第 1~4 号管；再过 10min(即处理 20min)后取出第 5~8 号管。同法将接过菌种的第 9~16 号管同时放入 100℃水浴中，10min 后取出第 9~12 号管；再过 10min(即 20min)后取出第 13~16 号管。

(5) 上述各管取出后，立即用冷水冲凉，37℃恒温培养 24h 后，观察生长情况。

2. 渗透压对微生物生长的影响

(1) 将不同蔗糖含量和不同 NaCl 含量的牛肉膏蛋白胨琼脂培养基分别熔化，冷却至 45℃左右后各倒平皿 2 个，待凝固。

(2) 在已凝固的平皿背面分别用记号笔划线分成两半，一半划线接种大肠杆菌，另一半划线接种酿酒酵母。

(3) 28℃倒置培养 4 天后，观察并记录其生长情况。

(4) 同样方法分别检测大肠杆菌和酿酒酵母在不同蔗糖浓度的牛肉膏蛋白胨培养基表面的生长情况。

3. pH 对微生物生长的影响

(1) 按表 30-1 配制不同 pH 的培养基，每种 pH 培养基配 4 管。

表 30-1　不同 pH 培养基的配制方案

0.2mol/L K_2HPO_4/ml	0.1mol/L 柠檬酸/ml	豆芽汁葡萄糖培养液/ml	总量/ml	pH(近似值)
0.4	1.6	8	10	3
1.0	1.0	8	10	5
1.6	0.4	8	10	7
0.2mol/L 硼酸/ml	0.2mol/L NaOH/ml	豆芽汁蔗糖培养液/ml	总量/ml	pH(近似值)
1.3	0.7	8	10	9
0.7	1.3	8	10	11

(2) 将配好的培养基进行间歇灭菌(100℃蒸 3 次，每次 20min)。

(3) 取同一 pH 的培养基 4 管，按无菌操作程序，分别接入枯草芽孢杆菌、细黄链霉菌(5406 放线菌)、酿酒酵母和黑曲霉，同时设未接种的空白对照管。

(4) 28℃恒温培养 3 天后，观察并记录培养结果。

4. 氧气对微生物生长的影响

(1) 将牛肉膏蛋白胨琼脂培养基试管置于水浴锅中加热熔化。

(2) 培养基冷却至 45℃左右时，按无菌操作分别用接种环接种大肠杆菌、枯草芽孢杆菌、丙酮丁醇梭菌各一环于试管培养基中，另一支试管中不接种作对照。搓动试管，使细菌均匀混于培养基内。

(3) 培养基凝固后，28℃恒温培养 48h 开始观察，连续观察几天，直至结果清晰时为止。

5. 化学消毒剂对微生物生长的影响

(1) 各种化学消毒剂的抑(杀)菌作用

1) 用无菌吸管吸取培养 18h 的白色葡萄球菌菌液 0.2ml 于无菌培养皿内。

2) 倒入已熔化并冷却至 45℃左右的牛肉膏蛋白胨琼脂培养基于上述培养皿内，充分摇匀，水平放置，待凝。

3) 将上述已凝固的培养皿用记号笔在培养皿底划成 6 等份，每一等份内标明一种化学消毒剂的名称。

4) 用无菌镊子将圆形小滤纸片分别浸入各种待测化学消毒剂溶液中，取出后晾干，以无菌操作将纸片对号放入(贴平整)培养皿的小区内，同时将一浸入生理盐水中的滤纸片置于培养皿的中央作对照(图 30-2 A)。

5) 将上述放好滤纸片的含菌培养皿，于 37℃恒温倒置培养 24h 后取出，测定所形成的抑菌圈大小(图 30-2 B)，并说明其抑(杀)菌力强弱。

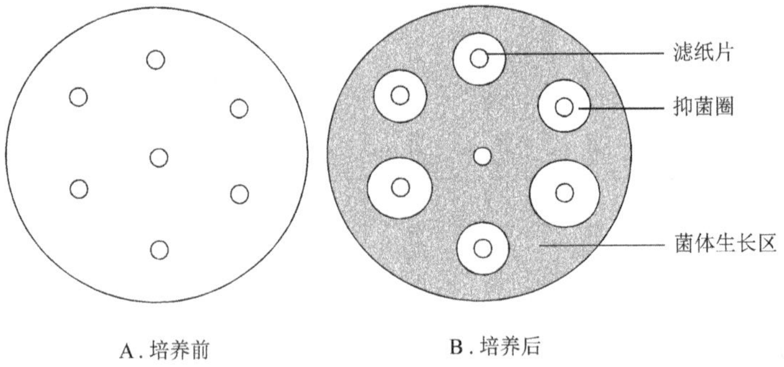

图 30-2　滤纸片法测定化学消毒剂的抑菌和(或)杀菌能力

(2) 石炭酸系数的测定

1) 将 5%(1：20)的石炭酸液按表 30-2 配成不同浓度，每管 5ml。

表 30-2　不同浓度石炭酸溶液的配制

浓度	原液(1：20)/ml	加水/ml	总量/ml	混匀后取出量/ml	留下量/ml
1：50	2	3	5	0	5
1：60	2	4	6	1	5
1：70	2	5	7	2	5
1：80	2	6	8	3	5
1：90	2	7	9	4	5

2) 将待测药物(来苏尔)先配成 1：20 的原液，再按表 30-3 配成不同浓度，每管 5ml。

表 30-3　不同浓度来苏尔溶液的配制

浓度	原液(1：20)/ml	加水/ml	总量/ml	混匀后取出量/ml	留下量/ml
1：150	1	6.5	7.5	2.5	5
1：200	0.5	4.5	5.0	0	5
1：250	0.5	5.725	6.225	1.225	5
1：300	0.5	7	7.5	2.5	5
1：500	0.25	6.25	6.5	1.5	5

3) 取牛肉膏蛋白胨液体培养基 30 管，1~15 管标明石炭酸的 5 种浓度，每种浓度 3 管，每 3 管分 5min、10min、15min 处理；16~30 管标明来苏尔的 5 种浓度，同样每种浓度 3 管，每 3 管分 5min、10min、15min 处理。

4) 在上述不同浓度的石炭酸和来苏尔溶液中，各接入 0.5ml 大肠杆菌菌液，摇匀。注意每管自接种时起在 5min、10min、15min，用同一接种环从各管内取一环接入上述已标记的液体培养基试管中。

5) 37℃恒温培养 48h，观察并记录生长情况。生长者溶液混浊，以“+”表示；不生长者溶液澄清，以“−”表示。

6) 计算石炭酸系数，找出在 5min 生长，而在 10min 和 15min 均不生长的石炭酸及来苏尔的最大稀释度，计算二者的比值。例如，石炭酸在 10min 内杀死大肠杆菌的最大稀释度是 1：70，来苏尔是 1：250，则来苏尔的石炭酸系数为 250/70=3.6。

6. 生物因素(抗生素)对微生物生长的影响

(1) 将豆芽汁葡萄糖琼脂培养基熔化后，冷却至 45℃左右倒平板，凝固待用。

(2) 用接种环挑取产黄青霉的孢子在平板上划一直线(图 30-3A)。

(3) 接种后，28℃恒温倒置培养 2~3 天。

(4) 待上述平板形成菌苔后，再用接种环从产黄青霉菌的菌带边缘但不要接触菌苔分别垂直向外划直线接种大肠杆菌、金黄色葡萄球菌、枯草芽孢杆菌等试验菌。

(5) 37℃恒温倒置培养 24h，观察并记录细菌生长结果(图 30-3 B)。

(6) 将 PDA 培养基制成平板，用同样方法检测灰色链霉菌的抗菌谱，并记录结果。

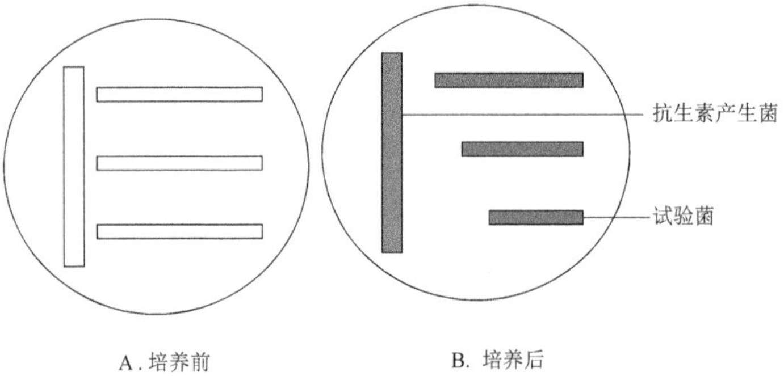

图 30-3　生物因素对微生物生长的影响实验示意图

【结果与分析】

1. 温度对微生物生长的影响：将大肠杆菌和枯草芽孢杆菌的生长情况记录于表 30-4 中，“−”表示不生长；“+”表示生长较差；“++”表示生长一般；“+++”表示生长良好。比较大肠杆菌和枯草芽孢杆菌对高温的抵抗能力。

表 30-4　温度对微生物生长的影响

菌名	大肠杆菌								枯草芽孢杆菌							
处理温度/℃	50				100				50				100			
处理时间/min	10		20		10		20		10		20		10		20	
试管编号	1	3	5	7	9	11	13	15	2	4	6	8	10	12	14	16
生长情况																

2. 渗透压对微生物生长的影响：将大肠杆菌和酿酒酵母在不同浓度的蔗糖和 NaCl 培养基上的生长情况记录于表 30-5 中，“−”表示不生长；“+”表示生长；“++”表示生长良好。

表 30-5　渗透压对微生物生长的影响

菌名	蔗糖/%				NaCl/%			
	2	10	20	40	2	10	20	40
大肠杆菌								
酿酒酵母								

3. pH 对微生物生长的影响：将不同微生物在各种 pH 培养基中的生长情况填入表 30-6，“–”表示不生长；“+”表示生长较差；“++”表示生长一般；“+++”表示生长良好。

表 30-6 pH 对微生物生长的影响

菌名＼pH	3	5	7	9	11
枯草芽孢杆菌					
细黄链霉菌					
酿酒酵母					
黑曲霉					

4. 氧气对微生物生长的影响：将各种微生物在试管中的生长情况记录于表 30-7 中，其中生长情况用表面生长、底部生长、表面及全部培养基都生长表示。

表 30-7 氧气对微生物生长的影响

菌名	生长情况	图示	呼吸类型
大肠杆菌			
枯草芽孢杆菌			
丙酮丁醇梭菌			

5. 化学消毒剂对微生物生长的影响。

(1) 各种化学消毒剂对白色葡萄球菌的抑(杀)菌能力：将各浸有化学消毒剂药液的滤纸片形成的抑菌圈直径填入表 30-8 中。

表 30-8 化学消毒剂对白色葡萄球菌的抑(杀)菌能力

药剂	抑菌圈直径/mm
2.5%碘酒	
1%升汞($HgCl_2$)	
5%石炭酸	
75%乙醇	
1%来苏尔	
0.25%新洁尔灭	

(2) 石炭酸系数的测定和计算：记录大肠杆菌的生长情况于表 30-9 中，并由此计算来苏尔对大肠杆菌的石炭酸系数。

表 30-9　石炭酸系数测定表

杀菌剂	稀释倍数	加菌后作用时间/min			石炭酸系数
		5	10	15	
石炭酸	1：50				
	1：60				
	1：70				
	1：80				
	1：90				
来苏尔	1：150				
	1：200				
	1：250				
	1：300				
	1：500				

6. 生物因素(抗生素)对微生物生长的影响

(1) 绘图表示并说明产黄青霉所产生的青霉素对大肠杆菌、金黄色葡萄球菌、枯草芽孢杆菌的抑菌效能。

(2) 绘图表示说明灰色链霉菌对大肠杆菌、金黄色葡萄球菌和枯草芽孢杆菌的抑制效果。

【注意事项】

1. 在进行化学消毒剂对微生物生长的影响实验时，制备平板的厚度应该均匀，避免化学消毒剂的不均匀扩散。

2. 本实验涉及的菌种、培养基、化学试剂种类等比较多，实验过程中注意标记清晰，避免出现混淆。

3. 实验设计过程中注意单因素原则和对照原则。

【思考题】

1. 微生物对高温抵抗能力的强弱与哪些因素有关？

2. 为什么分子氧对厌氧菌有毒害作用？

3. 试列举几个人们在日常生活中利用温度、pH 和渗透压抑制微生物生长的例子。

4. 在利用滤纸片法测定化学消毒剂对微生物的影响时，化学药剂对微生物所形成的抑菌圈未长菌部分是否说明微生物细胞已被杀死？如果抑菌圈内隔不久又长出少数单个菌落，你将如何解释这种现象？

5. 在测定抗生素的抗菌范围时，应选用什么样的试验菌为好？为什么？

第四章　微生物的生理生化反应

实验 31　大分子物质的水解实验

【实验原理】

很多微生物不能直接利用淀粉、蛋白质和脂肪等大分子物质，只有那些能够产生并分泌胞外酶的微生物才能利用这些大分子有机物。胞外酶主要为水解酶，通过加水裂解物质为较小的化合物，使其能被运输至细胞内。例如，淀粉酶水解淀粉为小分子的糊精、双糖和单糖；脂肪酶水解脂肪为甘油和脂肪酸；蛋白酶水解蛋白质为氨基酸等。不同微生物分解利用生物大分子的能力各有不同。这些过程均可通过观察细菌菌落周围的物质变化来证实。

现分别介绍淀粉水解、油脂水解、明胶液化、石蕊牛乳和尿素水解等实验的简单原理。

(1) 淀粉水解实验：某些细菌能够分泌淀粉酶(胞外酶)，将淀粉水解为麦芽糖和葡萄糖，再被细菌吸收利用。淀粉被水解后遇碘不再变蓝色。

(2) 油脂水解实验：某些细菌能够分泌脂肪酶(胞外酶)，能将培养基中的脂肪水解为甘油和脂肪酸。所产生的脂肪酸，可通过预先加入油脂培养基中的中性红加以指示[指示范围 pH 6.8(红)~8.0(黄)]。当细菌分解脂肪产生脂肪酸时，培养基中出现红色斑点。

(3) 明胶液化实验：明胶是一种动物蛋白。明胶培养基本身在低于 20℃时凝固，高于 25℃则自行液化。某些细菌能够产生蛋白酶(胞外酶)，将明胶水解成小分子物质，因此培养后的培养基即使在低于 20℃的温度下，明胶也不再凝固，而由原来的固体状态变为液体状态。

(4) 石蕊牛乳实验：牛乳中主要含有乳糖和酪蛋白。细菌对牛乳的利用主要是指对乳糖及酪蛋白的分解利用。牛乳中加入的石蕊是作为酸碱指示剂和氧化还原指示剂。石蕊在中性时呈淡紫色，酸性时呈粉红色，碱性时呈蓝色，还原时则部分或全部褪色变白。

(5) 尿素水解实验：尿素是由大多数哺乳动物消化蛋白质后被分泌在尿中的废物。尿素酶能分解尿素释放出氨，这是一个分辨细菌很有用的诊断实验。尽管许多微生物都可以产生尿素酶，但它们利用尿素的速度比变形杆菌属(*Proteus*)的细菌要慢，因此尿素酶实验被用来从其他非发酵乳糖的肠道微生物中快速区分这个属的成员。尿素琼脂含有蛋白胨、葡萄糖、尿素和酚红。酚红在 pH 6.8 时为黄色，而在培养过程中，产生尿素酶的细菌将分解尿素产生氨，使培养基的 pH 升高，在 pH 升至 8.4 时，指示剂就转变为深粉红色。

【实验目的和要求】

1. 证明不同微生物对各种有机大分子的水解能力不同，从而说明不同微生物有着不同的酶系统；

2. 掌握进行微生物大分子水解实验的原理和方法；

3. 掌握大分子实验在微生物鉴别中的作用。

【实验器材】

1. 菌种

大肠杆菌(*Escherichia coli*)、枯草芽孢杆菌(*Bacillus subtilis*)、金黄色葡萄球菌(*Staphylococcus auresu*)、铜绿假单胞杆菌(*Pseudomonas aeruginosa*)、普通变形杆菌(*Proteus vulgaris*)等。

2. 培养基

固体油脂培养基、固体淀粉培养基、明胶培养基试管、石蕊牛乳培养基试管、尿素琼脂培养基试管等。

3. 溶液或试剂

革兰氏染色用卢戈氏碘液(Lugol's iodine solution)。

4. 仪器或其他用具

无菌平板、无菌培养皿、接种环、接种针、试管架等。

【实验方法与步骤】

1. 淀粉水解实验

(1) 将固体淀粉培养基熔化后冷却至 50℃左右，无菌操作制成平板。

(2) 用记号笔在平板底部划成 4 部分。

(3) 将枯草芽孢杆菌、大肠杆菌、金黄色葡萄球菌和铜绿假单胞杆菌分别在不同的部分划线接种，在平板的反面分别在 4 部分写上菌名。

(4) 将平板倒置在 37℃温箱中培养 24h。

(5) 观察各种细菌的生长情况，将平板盖子打开，滴入少量卢戈氏碘液于平皿中，轻轻旋转平板，使碘液均匀铺满整个平板。

如菌苔周围出现无色透明圈，说明淀粉已被水解，为阳性。通过透明圈的大小可初步判断该菌水解淀粉能力的强弱，即产生胞外淀粉酶活力的高低。

2. 油脂水解实验

(1) 将熔化的固体油脂培养基冷却至 50℃左右时，充分摇荡，使油脂均匀分布。无菌操作倒入平板，待凝。

(2) 用记号笔在平板底部划成 4 部分，分别标上菌名。

(3) 将上述 4 种菌分别用无菌操作划十字接种于平板相对应部分的中心。

(4) 将平板倒置，于 37℃温箱中培养 24h。

(5) 取出平板，观察菌苔颜色，如出现红色斑点说明脂肪水解，为阳性反应。

3. 明胶水解实验

(1) 取 3 支明胶培养基试管，用记号笔标明各管欲接种的菌名。

(2) 用接种针分别穿刺接种枯草芽孢杆菌、大肠杆菌和金黄色葡萄球菌。

(3) 将接种后的试管置 20℃的恒温培养箱中，培养 2~5 天。

(4) 观察明胶液化情况。

4. 石蕊牛奶实验

(1) 取两支石蕊牛奶培养基试管，用记号笔标明各管欲接种的菌名。

(2) 分别接种普通变形杆菌和金黄色葡萄球菌。

(3) 将接种后的试管置 35℃的恒温培养箱中，培养 24~48h。

(4) 观察培养基颜色变化。石蕊在酸性条件下为粉红色，碱性条件下为紫色，而被还原时为白色。

5. 尿素实验

(1) 取两支尿素琼脂培养基斜面试管，用记号笔标明各管欲接种的菌名。

(2) 分别接种普通变形杆菌和金黄色葡萄球菌。

(3) 将接种后的试管置 35℃恒温下，培养 24~48h。

(4) 观察培养基颜色变化。尿素酶存在时为红色，无尿素酶时应为黄色。

【结果与分析】

将结果填入下表，“+”表示阳性反应；“−”表示阴性反应。

菌名	淀粉水解实验	脂肪水解实验	明胶液化实验	石蕊牛奶实验	尿素实验
大肠杆菌					
枯草芽孢杆菌					
金黄色葡萄球菌					
铜绿假单胞杆菌					
普通变形杆菌					

【思考题】

1. 怎样解释淀粉酶是胞外酶而非胞内酶？
2. 如果不利用碘液，怎样证明淀粉水解的存在？
3. 分析微生物产酶的多样性与其代谢途径多样性的关系。

实验 32　糖发酵实验

【实验原理】

糖发酵是常用的鉴别微生物的生化反应，在肠道细菌的鉴定中尤为重要。绝大多数细菌都能利用糖类作为碳源和能源，但是它们在分解糖类物质的能力上有很大的差异，因此可以根据其分解利用糖能力的差异作为鉴定菌种的重要依据。

有些细菌能分解某种糖产生有机酸(如乳酸、乙酸、丙酸等)和气体(如氢气、甲烷、二氧化碳等)，如大肠杆菌能分解乳糖和葡萄糖产酸并产气。有些细菌只产酸不产气，如伤寒杆菌分解葡萄糖产酸不产气，不能分解乳糖；普通变形杆菌分解葡萄糖产酸产气，不能分解乳糖。

酸的产生可利用指示剂来断定。在配制培养基时预先加入溴甲酚紫[pH5.2 (黄色)~6.8(紫色)]，当发酵产酸时，可使培养基由紫色变为黄色；或在培养基中加入溴麝香草酚蓝[pH 6.0(黄色)~7.6(蓝色)]，发酵产酸时，可使培养基由蓝色变为黄色。气体的产生可由试管发酵液中放入倒置的德汉氏小管，观察其上端有无气泡来证明(图 32-1)。

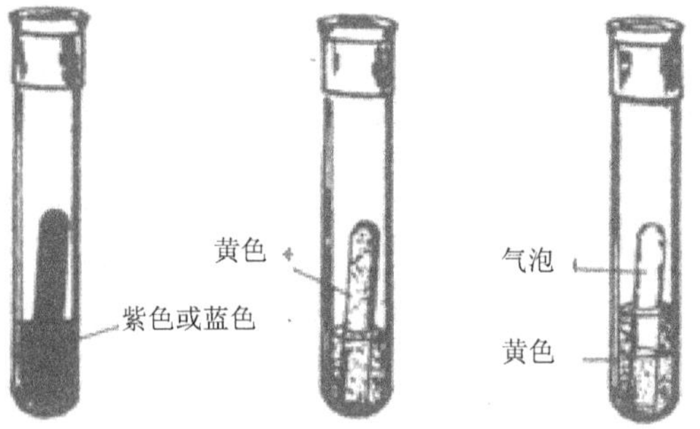

图 32-1　糖发酵实验

左边：培养前情况；中间：培养后产酸不产气的情况；右边：培养后产酸产气的情况

【实验目的和要求】

1. 了解糖发酵的原理和在肠道细菌鉴定中的重要作用；

2. 掌握通过糖发酵鉴别不同微生物的方法。

【实验器材】

1. 菌种

大肠杆菌、伤寒杆菌、普通变形杆菌斜面各一支。

2. 培养基

葡萄糖发酵培养基试管、乳糖发酵培养基试管各 4 支(内装有倒置的德汉氏小管)。

3. 仪器或其他用具

超净工作台、恒温培养箱、试管架、接种环、移液管等。

【实验方法与步骤】

1. 用记号笔分别在各试管外壁上标明培养基的名称和所接菌种的名称。

2. 取葡萄糖发酵培养基试管 4 支，分别接入大肠杆菌、伤寒杆菌和普通变形杆菌，第 4 支不接任何菌种作为对照。另取乳糖发酵培养基试管 4 支，同样分别接入大肠杆菌、伤寒杆菌和普通变形杆菌，第 4 支不接任何菌种作为对照。在接种后，轻缓摇动试管，使其均匀，防止气泡进入倒置的小管。

3. 将接种后和作为对照的 8 支试管均置 37℃培养 24~48h。

4. 观察各试管颜色变化及德汉氏小管中有无气泡产生。

【结果与分析】

将实验结果填入下表。“○+”表示产酸产气；“+”表示产酸不产气；“–”表示不产酸不产气。

菌名 / 糖类发酵	大肠杆菌	伤寒杆菌	普通变形杆菌	对照
葡萄糖发酵				
乳糖发酵				

【注意事项】

1. 在糖发酵实验的培养液试管中装入德汉氏小管时，要防止小管内有残留气泡。倾斜试管，缓慢装入德汉氏小管可减少装入时气泡的产生；灭菌时适当延长煮沸时间也可消除管内气泡。

2. 接种后，应轻缓摇动试管，使其混合均匀，防止气泡进入倒置的小管。否则会造成假象，得出错误的结果。

【思考题】

1. 假如某种微生物可以有氧代谢葡萄糖，发酵实验应该出现什么结果？

2. 在糖发酵的每支试管中指示剂的颜色变化与其加量是否有关系？

实验 33 IMViC 和硫化氢实验

【实验原理】

IMViC 是吲哚实验(indol test)、甲基红实验(methyl red test)、伏-普实验(Voges-Prokauer test)和柠檬酸盐实验(citrate test)的缩写，i 是在英文中为了发音方便而加上去的。这 4 个实验主要用来快速鉴别大肠杆菌(*Escherichia coli*)和产气肠杆菌(*Enterobacter aerogenes*)，多用于水的细菌学检查。大肠杆菌虽非致病菌，但在饮用水中若超过一定数量，则表示受粪便污染；产气肠杆菌也广泛存在于自然界中，因此检查水时要将两者分开。

【实验目的和要求】

1. 了解 IMViC 与硫化氢反应的原理；

2. 掌握 IMViC 与硫化氢反应在肠道菌鉴定中的应用。

【实验器材】

1. 菌种

大肠杆菌(*Escherichia coli*)、产气肠杆菌(*Enterobacter aerogenes*)。

2. 培养基

蛋白胨液体培养基、葡萄糖蛋白胨液体培养基、柠檬酸盐斜面培养基、乙酸铅培养基。

在配制柠檬酸盐斜面培养基时，其 pH 不要偏高，以浅绿色为宜；吲哚实验所用的蛋白胨液体培养基中宜选用色氨酸含量高的蛋白胨，如用胰蛋白酶水解酪素得到的蛋白胨较好。

3. 溶液或试剂

甲基红指示剂、40% KOH、5% α-萘酚、乙醚、吲哚试剂等。

【实验方法与步骤】

1. 接种与培养

(1) 用接种针将大肠杆菌和产气肠杆菌分别穿刺接入 2 支乙酸铅培养基中(硫化氢实验)，置 37℃培养 48h。

(2) 将上述两种菌分别接种于 2 支蛋白胨液体培养基(吲哚实验)、2 支葡萄糖蛋白胨液体培养基(甲基红实验和伏-普实验)、2 支柠檬酸盐斜面培养基和 2 支乙酸铅培养基中，置 37℃培养 48h。

2. 结果观察

(1) 硫化氢实验：培养 48h 后观察黑色硫化铅的产生。

(2) 吲哚实验：于培养 48h 后的蛋白胨液体培养基内加 3~4 滴乙醚，摇动数次，静置 1~3min，待乙醚上升后，沿试管壁徐徐加入 2 滴吲哚试剂，在乙醚和培养物之间产生红色环状物为阳性反应。

(3) 甲基红实验：培养 48h 后，在 1 支葡萄糖蛋白胨液体培养基培养物内加入甲基红试剂 2 滴，培养基变为红色者为阳性，变黄色者为阴性。注意甲基红试剂不要加得太多，以免出现假阳性反应。

(4) 伏-普实验：培养 48h 后，将另 1 支葡萄糖蛋白胨液体培养基培养物内加入 5~10 滴 40% KOH，然后加入等量的 5% α-萘酚溶液，用力振荡，再放入 37℃温箱中保温 15~30min，以加快反应速度。培养物呈红色者，为伏-普阳性反应。

(5) 柠檬酸盐实验：培养 48h 后观察柠檬酸盐斜面培养基上有无细菌生长和

是否变色。蓝色为阳性，绿色为阴性。

【结果与分析】

将实验结果填入下表，“+”表示阳性反应；“–”表示阴性反应。

菌名	IMViC 实验				
	吲哚实验	甲基红实验	伏-普实验	柠檬酸盐实验	硫化氢实验
大肠杆菌					
产气肠杆菌					
对照					

【思考题】

1. 讨论 IMViC 实验在医学检验上的意义。

2. 解释在细菌培养中吲哚实验的化学原理，为什么在这个实验中用吲哚的存在作为色氨酸活性的指示剂，而不用丙酮酸？

第五章　微生物的遗传与育种

实验 34　微生物的紫外线诱发突变

【实验原理】

一般用于微生物诱变育种的有物理因子、化学因子和生物因子，这些能提高突变率的因子称为诱变剂。其中物理因子包括快中子、各种射线和紫外线等；化学因子最常用的是甲基磺酸乙酯(EMS)和亚硝基胍(NTG，*N*-甲基-*N'*-硝基-*N*-亚硝基胍)。

紫外线(UV)的波长为 200~300nm，是一种最常用的物理诱变因素，对诱变有效的波长为 253~265nm，紫外线杀菌灯发射的紫外线大约 80%是 254nm。紫外线诱变的主要生物学效应是DNA 双链之间或同一条链上两个相邻的胸腺嘧啶形成二聚体，阻碍双链的解链、复制和碱基的正常配对，从而引起微生物突变或死亡。

经紫外线损伤的DNA，在可见光照射下可以发生光复活现象。因此，为尽可能减少光复活作用，应在红光下进行紫外线照射，避免将菌种置于长波紫外线和可见光下，照射结束后的样品也需要用黑纸或黑布包裹进行培养。

【实验目的和要求】

1. 了解微生物紫外线照射诱变的原理；
2. 学习紫外线诱变育种的方法；
3. 观察紫外线对枯草芽孢杆菌 BF7658 产生淀粉酶的诱变效应。

【实验器材】

1. 菌种

枯草芽孢杆菌 BF7658(可视条件选用适合的菌株)。

2. 培养基

牛肉膏蛋白胨琼脂培养基、淀粉琼脂培养基等。

3. 试剂

蛋白胨、牛肉膏、可溶性淀粉、NaCl、碘液、无菌生理盐水等。

4. 器皿

三角瓶、烧杯、量筒、试管、吸管、玻璃涂布棒，磁力搅拌器、离心机、20W紫外灯等。

【实验方法与步骤】

1. 菌悬液的制备

取培养了 48h 的枯草芽孢杆菌斜面一支，用 10ml 无菌生理盐水将菌洗下，倒入装有玻璃珠的无菌三角瓶中，包好并强烈振荡 10min。然后将菌液离心(3000r/min，15min)，弃去上清液，再用无菌生理盐水清洗菌体 2 次，最后将菌体制成 10^8 个细胞/ml 的菌悬液(血细胞计数法)。

2. 制作平板

将配制并灭菌后的淀粉琼脂培养基熔化后倒平板，每皿 10~15ml，凝固后待用。

3. 诱变处理

(1) 预热：将紫外灯打开预热约 20min。

(2) 搅拌：取 5ml 制备好的菌悬液放入 6cm 的无菌培养皿中，放入无菌的磁力搅拌棒并置于磁力搅拌器上，将距离控制在 20W 紫外灯下 30cm 处。

(3) 照射：打开皿盖，边搅拌边照射，分别照射 1min、2min、3min。盖上皿盖，关闭紫外灯。

(4) 稀释：分别用 10 倍稀释法把诱变前和诱变后的菌悬液用无菌水稀释成 10^{-5}~10^{-1} 个细胞/ml。

(5) 涂平板：取 10^{-3}、10^{-4}、10^{-5} 三个稀释度的诱变前和诱变后稀释液涂平板，每个平板加稀释菌液 0.1ml，每个稀释度重复三次，用无菌玻璃涂布棒将菌液涂匀。

(6) 培养：将上述涂匀的平板，用黑色的布或纸包好，置 37℃培养箱中培养 48h。

(7) 计数：将培养好的平板取出进行细菌计数。根据对照平板上的菌落数，计算出每毫升菌液中的活菌数及存活率。同样，计算出诱变后的活菌数及致死率，公式如下：

$$存活率(\%)= 诱变后每毫升菌液中活菌数/未诱变每毫升活菌数 \times 100$$

$$致死率(\%)=(未诱变每毫升活菌数-诱变后每毫升菌液中活菌数)/未诱变每毫升活菌数 \times 100$$

(8) 观察诱变效应：选取菌落数为 5~6 个的平板并滴加碘液，在菌落周围将出现透明圈，分别测量透明圈直径与菌落直径，计算其比值(HC 比值)。与未诱变处理的平板进行比较，并说明紫外线对枯草芽孢杆菌产淀粉酶的诱变效果。选取 HC 比值大的菌落移接到牛肉膏斜面上培养。此斜面可作复筛用。

【结果与分析】

1. 将诱变结果填入下表。

处理时间/min \ 稀释倍数	10^{-3}	10^{-4}	10^{-5}	存活率/%	致死率/%
0					
1					
2					
3					

2. 观察诱变效应，并填入下表。

HC 比值 \ 菌落	1	2	3	4	5	6	……

【注意事项】

1. 照射计时从开盖起到加盖止。照射时先开磁力搅拌器开关，再开盖照射，使菌悬液中的细胞均等地接受照射。

2. 操作者应戴上玻璃眼镜，以保护眼睛。

3. 从紫外线照射处理开始，直到涂布完平板的几个操作步骤都需要在红灯下进行。

4. 每个平板都应标明处理时间、稀释度、组别等。

【思考题】

1. 紫外线诱变的原理是什么？

2. 紫外线诱变需要注意的事项有哪些？

实验 35　抗药性突变株的分离

【实验原理】

微生物的抗药性突变是 DNA 分子某一特定位置结构改变的结果，某种药物的存在只是作为分离某种抗药性菌株的一种手段，而不是引发突变的诱导物。因而在含有一定浓度抑制生长药物的平板上接种大量的细胞群体，极个别具有抗性突变的菌株才能在平板上形成菌落。将这些菌落挑取纯化，进一步进行抗性实验，就可以获得抗药性菌株。

分离抗药性突变菌株常用梯度平板法。把培养皿斜放，倒入不含药物的培养基作底层，凝固后将培养皿放平，再将含有药物的培养基倒入形成上层，这样便可得到药物浓度从一边到另一边逐渐降低的梯度平板。将敏感菌涂布到梯度平板上，经培养后，在药物浓度中等即中间部位才出现少量的抗药性菌落。

【实验目的和要求】

学习用梯度平板法分离抗药性突变菌株。

【实验器材】

1. 菌种

大肠杆菌：Str^s。

2. 培养基

LB 液体培养基、10ml LB 琼脂培养基试管。

3. 试剂

链霉素、无菌生理盐水、70%乙醇。

4. 仪器或其他用具

试管、1ml 吸管、烧杯、玻璃涂布棒、水浴锅等。

【实验方法与步骤】

1. 菌悬液的制备

接种大肠杆菌于盛有 5ml LB 培养液的试管中，37℃振荡培养 24h。

2. 梯度培养皿制备

将 10ml 已熔化的、不含药物的 LB 琼脂培养基倒入一副无菌培养皿中，并立即将培养皿一端缓缓垫起，使琼脂培养基覆盖整个底部并使垫起一端的培养基表面刚好达到培养皿的底与边的交界处，让培养基保持倾斜直至凝固。

待培养基凝固后，在琼脂培养基高的平板底部标上“低”，放回水平位置，再把 10ml 含药物的 LB 琼脂培养基(每毫升含有 100 μg 链霉素)加入，凝固后备用。

3. 涂布平板

精确吸取 0.2ml 大肠杆菌培养液加到梯度平板上，并用无菌玻璃涂布棒将菌液均匀涂布到整个平板表面，将平板静置 10min。

4. 培养

将静置后的平板倒置于 37℃恒温培养箱中培养 48h。

5. 分离抗性突变菌株

培养 48h 后，用接种环挑取高抗生素浓度处生长的单个菌落到斜面上，每个菌落单独接种并编号，以作抗药性水平考核之用。

6. 抗药性水平考核

将上述得到的抗药性菌株制成菌悬液，再分别接种到每毫升含链霉素 40 μg、60 μg、80 μg、100 μg、120 μg、150 μg 的 LB 琼脂培养基上，置 37℃恒温培养箱中培养 2~5 天，观察生长情况，确定抗药性水平。

【结果与分析】

1. 记录并图示梯度平板上菌落的生长情况。

2. 将抗药性水平考核结果填入下表。“+”表示生长；“–”表示不生长。

菌种	链霉素浓度/(μg/ml)					
	40	60	80	100	120	150
大肠杆菌(*Str*ˢ)						

【注意事项】

1. 制备梯度平板时，注意要小心操作，不要将培养基溢出培养皿，以防染菌。

2. 在用蘸有乙醇并经火焰灭菌的玻璃涂布棒涂布菌液时要在火焰旁或伸进平板，在皿盖上冷却稍许，以免烫死细菌。

【思考题】

1. 你能设计几种不同的方法来测试梯度平板上菌株的抗药性水平吗？

2. 请设计一个实验说明培养基中的链霉素不是引起菌株抗性突变的诱变剂。

实验 36　营养缺陷型菌株的筛选和鉴定

【实验原理】

从自然界中直接分离到的微生物被称为野生型菌株(wild type strain)，它们通常具有合成自身所需要各种营养物质(氨基酸、维生素、核酸等)的能力，因而能在基本培养基上生长。经过人工诱变或自然突变后，有些菌株可能会失去这种能力，只有在基本培养基中补充所缺乏的营养因子才能生长，这类菌株称为营养缺陷型(auxotroph)菌株。通过人工诱变方法选育营养缺陷型菌株一般分为 4 个环节：诱变剂处理、淘汰野生型、检出缺陷型、鉴定缺陷型。

本实验选用亚硝基胍(NTG)为诱变剂。NTG 有超诱变剂之称，主要诱发 GC-AT 的转换，并能使细胞发生一次或多次突变，诱变效果好，导致细胞发生突变的频率高，因此常用于诱发营养缺陷型突变株。

营养缺陷型菌株的检出可通过点植对照法、影印法、夹层法和限量补充法等。本实验采用点植对照法筛选营养缺陷型。将经过 NTG 诱变处理后的菌液在完全培养基平板上涂布分离，长出菌落后将其分别用牙签转接到方位相同的另一基本培养基和完全培养基平板上培养，观察比较两平板的菌落生长情况，即可判断出营养缺陷型菌株，再经过生长谱法的鉴定，可具体得出该菌株为何种营养物质的缺陷型。

【实验目的和要求】

1. 了解营养缺陷型菌株选育的原理；

2. 学习并掌握营养缺陷型的诱变、筛选与鉴定方法。

【实验器材】

1. 菌种和培养基

(1) 酿酒酵母(*Saccharomyces cerevisiae*)。

(2) 培养基。

基本培养基(MM)：葡萄糖 0.5g、柠檬酸钠 0.1g、$(NH_4)_2SO_4$ 0.2g、K_2HPO_4 0.4 g、KH_2PO_4 0.6g、$MgSO_4 \cdot 7H_2O$ 0.02g、琼脂 2g、蒸馏水 100ml，pH 6.0。

完全培养基(CM)：与基本培养基的配方相同，另加入 1g 蛋白胨，调节 pH 至 6.0。

固体培养基：在以上液体培养基的基础上添加 2%琼脂。

2. 试剂

(1) 混合氨基酸：将 21 种氨基酸按表 36-1 组合，各取 100mg，烘干研细，制成 6 组混合氨基酸粉剂，分装避光保存备用。另外取全部(21 种)氨基酸混合在一起(每种 20mg)，烘干研细后保存，用于初步鉴定。

表 36-1　6 组混合氨基酸

组别	所含氨基酸					
A	赖氨酸	精氨酸	甲硫氨酸	胱氨酸	亮氨酸	异亮氨酸
B	缬氨酸	精氨酸	苯丙氨酸	酪氨酸	色氨酸	组氨酸
C	苏氨酸	甲硫氨酸	苯丙氨酸	谷氨酸	脯氨酸	天冬氨酸
D	丙氨酸	胱氨酸	酪氨酸	谷氨酸	甘氨酸	丝氨酸
E	鸟氨酸	亮氨酸	色氨酸	脯氨酸	甘氨酸	谷氨酰胺
F	脯氨酸	异亮氨酸	组氨酸	天冬氨酸	丝氨酸	谷氨酰胺

(2) 混合碱基：称取腺嘌呤、次黄嘌呤、黄嘌呤、鸟嘌呤、胸腺嘧啶、尿嘧啶和胞嘧啶各 50mg，混合烘干磨细后避光保存备用。

(3) 混合维生素：将硫胺素、核黄素、吡哆醇、泛酸、对氨基苯甲酸、肌醇、烟酰胺、胆碱和生物素各取 50mg 混合，烘干磨细后避光保存备用。

(4) 其他：亚硝基胍、磷酸缓冲液(pH 6.0，0.2mol/L)、生理盐水、无菌水、甲酰胺、浓 NaOH。

3. 实验器皿

冷冻高速离心机、无菌试管、无菌培养皿、无菌三角瓶、无菌涂布棒、无菌接种环、无菌牙签等。

【实验方法与步骤】

1. 菌悬液的制备

挑取少量新鲜斜面上的酿酒酵母单倍体，接入盛有 20ml 完全培养基的 250ml 无菌锥形瓶中，28℃培养 16~18h。培养后的菌液于 6000r/min 离心 5min，倾去上清，用磷酸缓冲液清洗两次以去除菌体表面残余的培养基。缓冲液重悬菌体，倒入装有玻璃珠的无菌三角瓶，振荡数分钟得到均匀分散的酵母菌菌悬液。血细胞计数板计数并调整菌悬液浓度至 10^7~10^9 个细胞/ml。

2. 诱变处理

(1) 称取 1.5mg 的 NTG 放入无菌离心管，加入 0.15ml 甲酰胺助溶，再加入 pH 6.0 的磷酸缓冲液 1ml，使其完全溶解，在 28℃水浴中保温备用。

(2) 取 5ml 菌悬液加入上述含有 NTG 的离心管中，充分混匀，立即放入 28℃的水浴中振荡 30min，取出在 6000r/min 下离心 5min，将上清液倒入浓 NaOH 中，重新悬浮菌体，加 5ml 磷酸缓冲液再清洗两次以去除菌体表面残余的 NTG，弃去废液，加 5ml 无菌水制成菌悬液。

3. 营养缺陷型的检出

(1) 诱变处理后的菌悬液按 10 倍梯度稀释。

(2) 将 15ml 完全培养基倒入无菌培养皿中，待培养基凝固后吸取 0.1ml 适宜浓度的菌液加入培养皿，用无菌涂布棒涂布均匀，28℃培养 1~2 天，至长出菌落。

(3) 取完全培养基和基本培养基各一平板，用记号笔在其背面画小格，用无菌牙签将完全培养基上已长出的菌落，分别点种到位置相同的基本培养基和完全培养基平板上(图 36-1)。点种时，需注意要先点基本培养基，再点完全培养基。经 28℃培养后，观察比较菌落生长情况，凡是在基本培养基上不生长，而在相应位置的完全培养基上有菌落出现的，就可初步判断此菌落是营养缺陷型菌株。

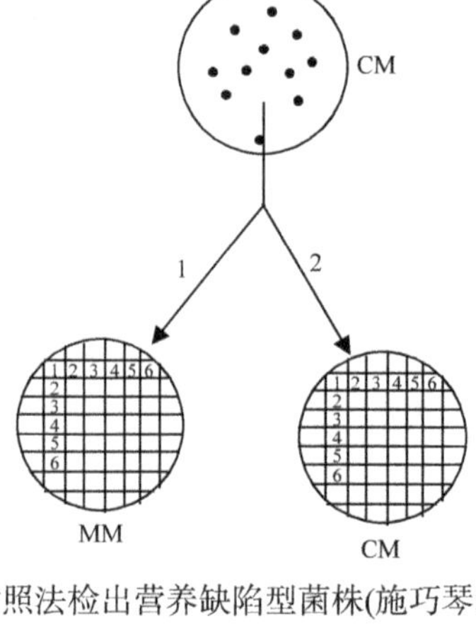

图 36-1　点植对照法检出营养缺陷型菌株(施巧琴和吴松刚，2009)

4. 缺陷类型的初步测定

(1) 将疑似营养缺陷型的菌落接种到完全培养基斜面上，编号，在 28℃下培养 1~2 天后取出，供鉴定用。

(2) 取 3 个无菌培养皿，分别倾注约 15ml 熔化并冷却至 45~50℃的基本培养基，摇匀待凝。分别在 3 个皿的培养基中央放少量的混合氨基酸、混合核酸碱基或混合维生素粉末，并将 3 个皿的底部划分成若干区域，标明待测菌株的菌名或编号。从培养好的斜面上挑取疑似营养缺陷型菌株放入装有 1ml 无菌生理盐水的小离心管，充分混匀，制成菌液。用无菌接种环沾取少量菌液分别在培养基的相应菌株区域上划一直线，28℃培养 24h。观察各菌株的生长情况。在添加了哪种营养的培养基上生长，即表明此菌株属于该类营养物质的营养缺陷型突变株。

5. 生长谱测定

初测所选出的营养缺陷型中，有可能是氨基酸缺陷型、核酸碱基缺陷型或维生素缺陷型，其中，氨基酸缺陷型突变株较为常见。对于氨基酸缺陷型菌株来说，将待测菌株细胞用生理盐水洗涤后，吸取 1ml 菌液加入无菌培养皿，倾注约 15ml 熔化并冷却至 45~50℃的基本培养基，摇匀，待冷凝后将平板均匀划分为 6 个区域，在每个区域中央放入少量各组已混合的氨基酸结晶或粉末(共 6 组，表 36-1)。经培养后，可以看到某些区域的混合氨基酸四周出现混浊的生长圈，按表 36-2 所示就可确定属于哪一种氨基酸缺陷型。如果菌落生长在两氨基酸扩散的交叉处，其生长圈呈双凸透镜状，说明该菌落为双重氨基酸缺陷型。若是核酸碱基或维生素缺陷型，可按上述方法在各区域中分别加入单种核酸碱基或维生素，培养后就可确定其属于哪一种碱基或维生素缺陷型。

表 36-2　氨基酸营养缺陷型分析表

菌落生长区	缺陷类型	菌落生长区	缺陷类型	菌落生长区	缺陷类型
A	赖氨酸	A，C	甲硫氨酸	B，F	组氨酸
B	缬氨酸	A，D	胱氨酸	C，D	谷氨酸
C	苏氨酸	A，E	亮氨酸	C，E	脯氨酸
D	丙氨酸	A，F	异亮氨酸	C，F	天冬氨酸
E	鸟氨酸	B，C	苯丙氨酸	D，E	甘氨酸
F	瓜氨酸	B，D	酪氨酸	D，F	丝氨酸
A，B	精氨酸	B，E	色氨酸	E，F	谷氨酰胺

【结果与分析】

记录营养缺陷型突变株鉴定结果。

缺陷型菌株编号	缺陷型类型	生长区	缺陷的标记
1			
2			
3			
4			
5			
6			
7			
8			

【注意事项】

亚硝基胍是一种强烈的致癌剂，操作时要小心。称量药品时，要戴好塑料手套和口罩。用过的废液也不可随意倾倒，需经浓碱处理；接触过的器皿需处理后再经大量水冲洗，清洗之后再使用。

【思考题】

1. 诱变处理时为什么要加磷酸缓冲液？
2. 牙签点种时，为什么要先点基本培养基，后点完全培养基？

实验 37 霉菌原生质体的制备和观察

【实验原理】

有关原生质体的研究始于 19 世纪末，直到 1953 年才有人首次用溶菌酶处理巨大芽孢杆菌获得原生质体，并提出原生质体的概念，即细胞壁被酶水解剥离剩下的由细胞膜包围的原生质体部分。失去了细胞壁的原生质体对渗透压特别敏感，但其基本细胞结构并未受到破坏，因而可在特别配制的高渗再生培养基上生长出细胞壁，并继续生长繁殖。原生质体由于去除了细胞壁的障碍，对外界环境影响更加敏感，可更有效地应用于诱变和原生质体融合育种。

【实验目的和要求】

1. 了解原生质体制备的原理；
2. 学习并掌握霉菌原生质体制备和观察的方法。

【实验器材】

1. 菌种

黑曲霉或米曲霉。

2. 培养基

斜面培养基：PDA 培养基；菌丝体生长培养基(%)：葡萄糖 8.00、硫酸铵 0.20、磷酸二氢钾 0.20、硫酸镁 0.03、氯化钠 0.10、酵母膏 0.50、琼脂 1.80、吐温 80 0.20。

3. 主要试剂

高渗液：0.6mol/L NaCl；酶解液：蜗牛酶 1 %+纤维素酶 2 %，用高渗液配制，经 0.22 μm 微孔滤膜过滤除菌备用，需现用现配。

4. 实验器材

冷冻高速离心机、恒温水浴锅、无菌水、无菌试管、无菌培养皿、无菌三角瓶、无菌涂布棒、接种环等。

【实验方法与步骤】

1. 菌株扩大培养

将黑曲霉接种在 PDA 斜面上，于 28℃恒温培养箱中培养 5~6 天至孢子成熟。

2. 菌丝培养

5ml 无菌水倒入有成熟孢子的斜面中，接种环轻轻刮下表层孢子，倒入无菌试管中，制成孢子悬液，用血细胞计数板调整孢子浓度至大约 1.0×10^8 个/ml，取 0.5ml 涂布于表面覆有玻璃纸的 PDA 培养基平板上，于 30℃恒温培养 12h 左右可见薄层菌丝。

3. 原生质体的制备

用无菌接种环从玻璃纸上收集菌丝，置于离心管中，用渗透压稳定剂离心洗涤两次后，加入适量酶液，30 ℃恒温水浴中缓慢振荡酶解。每隔 30min 取样镜检酶解程度，并拍照记录原生质体释放过程。酶解基本完全后用 4 层擦镜纸过滤，过滤后滤液 4000r/min 离心分离，溶液离心洗涤 3 次，收集原生质体分别重悬于无菌水和高渗液中，血细胞计数板计数。

$$\text{原生质体制备率}=[(\text{高渗液中总菌数}-\text{无菌水中总菌数})/\text{高渗液中总菌数}]\times100\%$$

4. 原生质体的观察

取一片载玻片，将已制备好并用高渗液重悬的原生质体滴于载玻片中心，用镊子夹盖玻片慢慢盖上，避免产生气泡。在高倍镜下观察原生质体大小、形态及拍照。用滴管将水从盖玻片一侧慢慢滴入，另一侧用滤纸吸取，从显微镜下观察原生质体吸水涨破的过程并拍照记录。

【结果与分析】

1. 观察并拍照记录原生质体的形成及破裂过程。

2. 计算原生质体制备率。

【注意事项】

由于原生质体较为脆弱，所以在酶解时不能剧烈振荡，以防新形成的原生质体破裂。

【思考题】

1. 如何在显微镜下判断你观察到的是否为原生质体？

2. 在观察原生质体时，为什么加水可导致原生质体的破裂？

实验 38 霉菌原生质体的融合

【实验原理】

采用物理或化学的方法使两亲本菌株的原生质体接触，经质配、核配，最终基因组融合，DNA 交换重组产生重组子，这种育种方式称为原生质体融合。与杂交育种相比，由于去除了菌株接触的最大障碍——细胞壁，大大提高了菌株间接触和重组的频率，并打破了种属间的亲缘关系，实现了属间、门间，甚至跨界的融合。

为便于融合子的检出，本实验采用热灭活法使双亲本原生质体失活后再进行融合，因此亲本的选择无需受到遗传标记的限制。

【实验目的和要求】

1. 学习采用双亲灭活法进行霉菌原生质体融合；

2. 掌握原生质体融合的基本操作技术。

【实验器材】

1. 菌种和培养基

黑曲霉；培养基。

低渗再生培养基(双层平板)：PDA 培养基、上层琼脂培养基 0.6 %、底层琼脂培养基 2%。

高渗再生培养基(双层平板)：以 0.6mol/L NaCl 配制的 PDA 培养基、上层琼脂培养基 0.6%、底层琼脂培养基 2%。

2. 主要试剂

高渗液：0.6mol/L NaCl；酶解液：蜗牛酶 1%+纤维素酶 2%，用高渗液配制，经 0.22μm 微孔滤膜过滤除菌备用；原生质体促融剂：30% PEG 6000、0.01mol/L $CaCl_2$。

3. 实验器材

冷冻高速离心机、无菌试管、无菌培养皿、无菌三角瓶等。

【实验操作与步骤】

1. 原生质体的制备

选取两亲本菌株，分别按实验 37 的方法制备原生质体，用高渗液调整其浓度为 10^6~10^8 个/ml。

2. 双亲本原生质体灭活

取两亲本菌株的原生质体悬液，分别在 55℃下处理 10min，稀释分离于高渗再生平板(采用双层平板法：底层平板培养基先倒入无菌培养皿，冷凝后，原生质体悬液滴于其上，再将已熔化并冷却至 45℃左右的上层培养基倒入，轻摇静置待其冷凝)，同时以未经热处理的原生质体悬液作对照，37℃倒置培养 5 天，计算原生质体的存活率。

3. 原生质体融合

将已灭活的两亲本原生质体等体积混合均匀，加入 5ml 30% PEG 6000、0.01mol/L $CaCl_2$ 溶液，37℃，振荡保温 45min。

4. 融合子细胞的观察

不同时间取样，镜检观察并拍照记录，用显微镜测微尺测量细胞大小。

5. 原生质体的再生

融合完毕，将所得原生质体融合悬液梯度稀释，取适当浓度悬液，分别分离于低渗和高渗双层再生平板上，30 ℃培养 4~5 天。

再生率= (高渗平板菌落数–低渗平板菌落数)/原生质体数 × 100%

【结果与分析】

1. 观察并拍照记录原生质体融合的过程。
2. 计算原生质体的再生率。

【注意事项】

为防止菌丝碎片繁殖对最终融合体的检出造成干扰，需在制备原生质体后将菌丝清除干净。

【思考题】

1. 为什么原生质体再生要用双层平板法，而不用常规的平板涂布法?

2.为什么用于原生质体融合的两个亲本需要带有遗传标记，而经过灭活处理的亲本可以不带有遗传标记?

第六章　细菌的血清学鉴定

实验 39　免疫血清的制备

【实验原理】

对健康动物注射具有完全抗原性的物质，可以刺激其免疫系统，由 B 淋巴细胞转化为浆细胞并产生相应的抗体。第一次注射抗原后，经过一段诱导期，血清中出现抗体，其效价逐步提升，但通常并不能达到较高的峰值，此后抗体效价逐步下降。再次注射抗原，血清中抗体效价迅速上升，很快达到较高的峰值并能维持较长时间。因此，为了获得最高水平的抗体效价，通常采用多次注射抗原的方法。待抗体效价达到预期值后，即可采集动物血液并分离制备免疫血清。

注射抗原最常用的是静脉注射法。颗粒性抗原，如细菌、霉菌、病毒都可以直接用来注射动物以产生抗体，但一些可溶性抗原通常需要添加佐剂(adjuvant)以提高动物产生抗体的水平。佐剂是指与抗原同时注射或预先注射，并能非特异性增强或改变机体对抗原免疫应答反应的一类物质，其种类极多，但最常用的为弗氏佐剂(Freund’s adjuvant)。

要制备高质量的免疫血清，首先，要选择合适的动物。动物的种类、品系、年龄、健康状况等都是影响抗体效价的因素；其次，对于选定的抗原，其注射剂量、注射途径、注射次数及注射的间隔时间也是影响抗体效价的因素。

【实验目的和要求】

1. 学习并掌握颗粒性抗原的制备方法；
2. 学习并掌握免疫动物、采集血液和分离免疫血清的方法。

【实验器材】

1. 动物

刚成年的健康雄性家兔，体重 2.5~3.0kg。

2. 颗粒性抗原

37℃培养 24h 的大肠杆菌牛肉膏蛋白胨斜面培养物。

3. 试剂

1%硫柳汞、0.5%石炭酸生理盐水。

4. 仪器与用具

回旋式恒温水浴培养箱、离心机、无菌吸管、无菌滴管、无菌细口瓶、无菌注射器(2ml)、无菌针头(7 号)、无菌试管、试管架、无菌离心管、碘酒棉球、乙醇棉球等。

【实验方法与步骤】

1. 颗粒性抗原的制备

(1) 吸取 0.5%石炭酸生理盐水 5ml，注入大肠杆菌斜面培养物，将菌苔洗下。

(2) 用无菌滴管吸取洗下的菌液，注入无菌试管。

(3) 将此含有菌液的试管平稳地置于回旋式恒温水浴培养箱中，开启低转速，60℃保温 1h。

(4) 用 0.5%石炭酸生理盐水稀释菌液至 9×10^8 个细胞/ml，放冰箱备用。

2. 颗粒性抗原免疫血清的制备

(1) 注射颗粒性抗原

用 7 号针头的 2ml 无菌注射器吸取摇匀的大肠杆菌抗原，耳静脉注射家兔。注射日程与剂量见表 39-1。

表 39-1　注射日程与剂量

日程	菌液注射量/ml
第 1 日	0.2
第 2 日	0.4
第 4 日	0.6
第 6 日	2.0

(2) 采血与分离血清

第 12 日，停止家兔的进食。

第 14 日，将家兔颈动脉放血，用无菌细口瓶采血，直至动物死亡，无血液流出为止。一般可获得血液 80ml 以上。

将无菌细口瓶放入 4℃的冰箱冷藏室静置，待其自然析出血清。

用无菌滴管吸取血清，置于无菌离心管中，离心沉淀，所得上清液即大肠杆菌免疫血清。加入 1%硫柳汞至终浓度为 0.01%，分装于无菌试管。贴上标签，标明其名称及日期，4℃冰箱冷藏备用，待下一实验测定其凝集效价。

【结果与分析】

1. 记录实验相关数据。

2. 大肠杆菌免疫血清留待下一实验测定其凝集效价。

【注意事项】

1. 实验所用器皿都应事先灭菌并保持无菌状态。

2. 每次在对家兔注射抗原时都要严格消毒和无菌操作，保持家兔健康。

【思考题】

1. 为什么制备颗粒性抗原时要用 0.5%石炭酸生理盐水而不是生理盐水稀释？

2. 为什么要将菌液 60℃保温 1h？

3. 为什么要多次注射免疫动物？

4. 为什么实验所用器皿都应事先灭菌并保持无菌状态？

实验 40　直接凝集反应

【实验原理】

抗原与抗体的结合具有特异性。抗原(凝集原)与其相应的抗体(凝集素)，在电解质的参与下相结合，则能够形成肉眼可见的凝集块，这就是所谓的凝集反应。凝集反应的发生与环境中电解质种类和浓度有关，这涉及抗原和抗体大分子结合时的微观状态。抗原与其相应的抗体特异性结合形成抗原抗体结合物时，彼此对应的极性基团不再暴露在水相环境中，从而消除了水化膜，因此抗原抗体结合物表面的疏水性得以提高；而电解质的存在能够消除抗原抗体结合物之间的同电相斥作用，使得抗原抗体结合物颗粒之间相互吸引而产生肉眼可见的凝集块。

凝集反应一般可以分为直接凝集反应和间接凝集反应两类。直接凝集反应的抗原为颗粒性抗原，它们能够与其相应的抗体直接结合而产生凝集反应。间接凝集反应的抗原为可溶性抗原，需要先将它们吸附到颗粒性载体(如红细胞、白陶土、离子交换树脂和火棉胶颗粒)表面，然后再与相应抗体结合。颗粒性载体的种类很多，常用的是经鞣酸处理的绵羊红细胞。

直接凝集反应中，常用的有玻片凝集法和试管凝集法。玻片凝集法是将人工制备的免疫血清与待测物在玻片上混合，如果待测物中含有目标抗原，则能够发生特异性结合。在适宜的反应条件下，玻片上很快就能形成片状凝集块。这种方法的优点是灵敏度高、反应快、操作简便，可应用于血型测定和菌种鉴定。试管凝集法是对玻片凝集法的改良，可用于定量试验，如测定免疫血清的凝集效价等。将免疫血清稀释到不同浓度，然后与抗原在试管中混匀，在适宜的反应条件下，试管中很快就能形成凝集块。免疫血清能够与抗原产生明显凝集块的最高稀释度的倒数，就是该免疫血清的凝集效价。

【实验目的和要求】

1. 学习并掌握凝集反应原理；

2. 学习并掌握玻片凝集法和试管凝集法；

3. 学习并掌握免疫血清凝集效价的测定。

【实验器材】

1. 颗粒性抗原

大肠杆菌和枯草芽孢杆菌，接种于牛肉膏蛋白胨斜面，37℃培养 24h 的培养物。

2. 抗体

上一实验制备的大肠杆菌免疫血清。

3. 电解质

0.85%NaCl 溶液(生理盐水)。

4. 仪器与用具

恒温水浴锅、微量移液器、枪头、载玻片、试管、试管架、移液管、记号笔等。

【实验方法与步骤】

1. 颗粒性抗原的制备

(1) 吸取生理盐水 5ml，注入大肠杆菌和枯草芽孢杆菌斜面培养物，将菌苔洗下。

(2) 用移液管吸取洗下的菌液，注入试管。

(3) 将含有菌液的试管放入恒温水浴锅中，60℃保温 0.5h。

(4) 用生理盐水稀释菌液至 9×10^8 个细胞/ml，放冰箱备用。

2. 大肠杆菌免疫血清稀释

将大肠杆菌免疫血清用生理盐水稀释为 1∶10 大肠杆菌免疫血清。

3. 玻片凝集法

(1) 取一张洁净载玻片，平均分为 A、B、C 三区，在各自左上角做好标记，如图 40-1 所示。

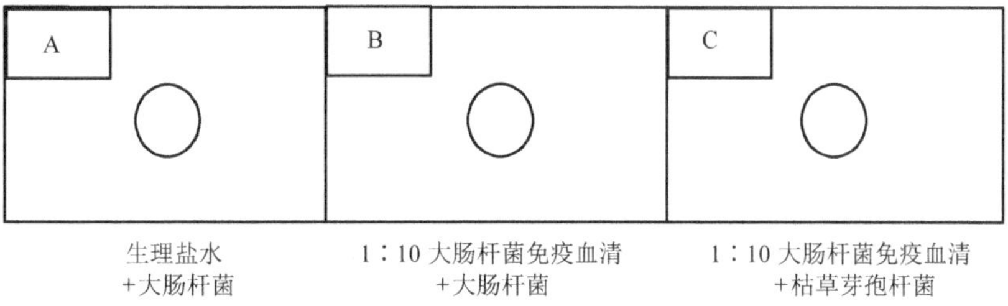

图 40-1　玻片凝集法

(2) 用微量移液器吸取生理盐水 20μl，加在 A 区中心；然后再用微量移液器吸取大肠杆菌菌液，加入 A 区中心液滴与之混合。

(3) 用微量移液器吸取 1∶10 大肠杆菌免疫血清 20μl，加在 B 区中心；然后再用微量移液器吸取大肠杆菌菌液，加入 B 区中心液滴与之混合。

(4) 用微量移液器吸取 1∶10 大肠杆菌免疫血清 20μl，加在 C 区中心；然后再用微量移液器吸取枯草芽孢杆菌菌液，加入 C 区中心液滴与之混合。

(5) 轻轻摇动载玻片，使各液滴混匀。

(6) 室温静置，1~3min 后即可观察结果。

4. 试管凝集法

(1) 准备稀释管：取 16 支小试管，在试管架上排成两列，每列 8 支，依次贴上标签 1∶20、1∶40、1∶80、1∶160、1∶320、1∶640、1∶1280、对照。每一小试管内加入 0.5ml 生理盐水。

(2) 稀释抗体：用微量移液器吸取 1∶10 大肠杆菌免疫血清 0.5ml，加入标签为 1∶20 的小试管，用微量移液器吹吸 3 次，使二者充分混匀，然后吸取该稀释液 0.5ml，加入标签为 1∶40 的小试管，依此类推，直至标签为 1∶1280 小试管。从 1∶1280 小试管吸取稀释液 0.5ml，注入加有消毒剂的废液缸。

(3) 加入颗粒性抗原：用微量移液器向每支小试管加入 0.5ml 大肠杆菌菌液(从对照开始，至 1∶20 稀释管结束)。

(4) 保温反应：将每一支小试管充分振荡混匀，然后置于 37℃恒温水浴锅保温过夜。

(5) 观察结果：首先静置观察，对照和阴性反应小试管底部无凝集块；阳性反应小试管底部有凝集块，其特征为边缘不整齐。当摇动小试管后，对照和阴性反应小试管中液体为均匀悬浊状态，而阳性反应小试管中液体可能为澄清、半澄清或混浊，但同时可见大小不等的凝集块。凝集反应强度判断标准如下。

++++：最强，菌体全部凝集，未晃动时菌液澄清，晃动后见大片块状物。

+++：强，菌体大部分凝集，未晃动时菌液澄清轻度混浊，晃动后凝集块较小。

++：中度，菌体半数凝集，未晃动时菌液半澄清，晃动后凝集块呈微小颗粒状。

+：弱，仅少量菌体凝集，未晃动时菌液混浊，晃动后仅能见少量微粒状凝集团。

–：阴性，无凝集现象，晃动前后菌液混浊，未见凝集块。

【结果与分析】

1. 将玻片凝集结果记录于表 40-1 中。

表 40-1　玻片凝集结果记录

	生理盐水+大肠杆菌	大肠杆菌免疫血清+大肠杆菌	大肠杆菌免疫血清+枯草芽孢杆菌
阳性或阴性			

2. 将试管凝集结果记录于表 40-2 中。

表 40-2　试管凝集结果记录

血清稀释度	1∶20	1∶40	1∶80	1∶160	1∶320	1∶640	1∶1280
结果							

【注意事项】

1. 实验所用玻璃器皿都应事先清洁和干燥。

2. 稀释抗体时操作要规范，避免产生气泡。

【思考题】

1. 玻片凝集反应与试管凝集反应各自有何优缺点？

2. 生理盐水在凝集反应中起什么作用？

实验 41　沉 淀 反 应

【实验原理】

可溶性抗原(沉淀原)与相应抗体(沉淀素)特异性结合，在电解质存在的条件下，可以形成肉眼可见的沉淀物，这就是所谓的沉淀反应。沉淀反应的方法很多，常用的有环状沉淀反应、絮状沉淀反应、琼脂凝胶扩散反应等，其中最为经典的是环状沉淀反应，将免疫血清放入沉淀管的底部，然后在免疫血清表面小心加入经过适当稀释的可溶性抗原，使之与免疫血清形成界限分明的两层，不能让两者混合。在适当温度下反应一段时间后，阳性反应的结果是两层液体边界出现乳白色沉淀环。免疫血清与可溶性抗原反应能够出现乳白色沉淀环的最高稀释度的倒数，就是该免疫血清的效价。因此，环状沉淀反应既可以应用于定性试验，也可以应用于定量试验。

【实验目的和要求】

1. 学习并掌握环状沉淀反应的原理；

2. 学习并掌握环状沉淀反应的方法；

3. 学习并掌握应用环状沉淀反应测定免疫血清的效价。

【实验器材】

1. 可溶性抗原

人血清。

2. 抗体

兔抗人血清。

3. 电解质

0.85% NaCl 溶液(生理盐水)。

4. 仪器与用具

恒温水浴锅、1ml 定量移液器、微量移液器、枪头、沉淀管、试管、试管架、吸管、记号笔等。

【实验方法与步骤】

1. 人血清稀释

将人血清用生理盐水稀释为 1∶25，备用。

2. 准备稀释管

取 7 支小试管，在试管架上排成一列，依次贴上标签：1∶50、1∶100、1∶200、1∶400、1∶800、1∶1600、1∶3200，每支加入 1ml 生理盐水。

3. 稀释抗原

用 1ml 定量移液器吸取 1ml 1∶25 人血清，加入标签为 1∶50 的小试管，用移液器吹吸 3 次，使二者充分混匀，然后吸取该稀释液 1ml，加入标签为 1∶100 的小试管，依此类推，直至标签为 1∶3200 的小试管。从 1∶3200 小试管吸取稀释液 1ml，注入加有消毒剂的废液缸。

4. 准备沉淀管

取 8 支沉淀管，在试管架上排成一列，依次贴上标签：1∶50、1∶100、1∶200、1∶400、1∶800、1∶1600、1∶3200 和对照，每支沉淀管底部均用微量移液器加入 50μl 兔抗人血清。

5. 加入抗原

用微量移液器吸取生理盐水 50μl，沿内壁加入标签为对照的沉淀管中，注意应缓慢加入，使生理盐水与兔抗人血清两层液体边界形成清晰的界面，而不能让两者混合。接着用微量移液器吸取 1∶3200 稀释度的人血清，如法加入标签为 1∶3200 的沉淀管。依此类推，直至标签为 1∶50 的沉淀管。

6. 沉淀反应

室温静置，15~30min 后即可观察结果。

7. 结果记录

观察兔抗人血清与各稀释度人血清两层液体边界。出现乳白色沉淀环者，记录为阳性(+)；不出现乳白色沉淀环者，记录为阴性(–)。

8. 兔抗人血清效价估计

阳性(+)的人血清最高稀释度，即可估计为兔抗人血清的效价。

【结果与分析】

1. 观察沉淀反应，记录结果，如表 41-1 所示。

表 41-1　沉淀反应结果记录

人血清稀释度	1∶50	1∶100	1∶200	1∶400	1∶800	1∶1600	1∶3200	对照
结果								

2. 估计兔抗人血清效价。

【注意事项】

1. 实验所用玻璃器皿都应事先清洁和干燥。

2. 加入抗原时一定要缓慢，避免二者混合。

【思考题】

1. 沉淀反应与试管凝集反应有何异同？

2. 设计一个实验，检验蚊子所吸血液是否为人血？

实验 42　双向免疫扩散试验

【实验原理】

双向免疫扩散试验又称琼脂凝胶扩散反应，是一种较为精确的沉淀反应。其特点在于将反应介质由溶液转变为半固体琼脂凝胶。在电解质的参与下，将可溶性抗原及其抗体放在半固体琼脂凝胶平板中的邻近孔内，让两者互相扩散，在两者浓度比例合适的位置相遇时，抗原与抗体结合为复合物，形成肉眼可见的乳白色沉淀线。根据沉淀线的位置和形状，可以判断抗原和抗体的相对浓度及纯度。如果已知免疫血清的效价，就可以用双向免疫扩散试验来测定抗原的浓度。同时，如果免疫血清中抗体种类不止一种，而抗原也是混合物的话，形成的沉淀线可能出现较为复杂的情况，从中可以解读出很多信息。

【实验目的和要求】

1. 学习并掌握双向免疫扩散试验的原理；

2. 学习并掌握双向免疫扩散试验的方法；

3. 学习并掌握应用双向免疫扩散试验测定免疫血清的效价。

【实验器材】

1. 可溶性抗原

人血清。

2. 抗体

兔抗人血清。

3. 巴比妥-盐酸缓冲液

称取 9.0g 巴比妥钠，量取 1mol / L 盐酸溶液 6.5ml，溶于蒸馏水，定容至 1000ml。

4. 1%琼脂糖凝胶

称取 1.0g 琼脂糖，加入 100ml pH 8.6 巴比妥-盐酸缓冲液，沸水浴充分溶解后，放入 60℃恒温水浴锅保温备用。

5. 仪器与用具

不锈钢打孔器(孔径 3mm)、恒温水浴锅、微量移液器、枪头、注射器针头、载玻片等。

【实验方法与步骤】

1. 抗原和抗体的稀释

将人血清和兔抗人血清分别用生理盐水稀释为 1∶2、1∶4、1∶8，备用。

2. 制备琼脂糖凝胶平板

吸取 3~3.5ml 60℃保温的 1%琼脂糖凝胶，在载玻片上铺成平板，注意平板中央与四周应该平整一致，凝胶内部无气泡。

3. 打孔

待载玻片上的琼脂糖凝胶冷却凝固后，用不锈钢打孔器按照如图 42-1 所示打孔，左上角的小孔作为定位标记，其余小孔供加入抗原或抗体使用，分左右两区，每区共 5 孔，孔径 3mm，孔间距 10mm。注意孔道应该垂直于载玻片，使圆孔内的琼脂糖块干脆、彻底地被切下。用注射器针头将琼脂糖块挑出，注意不要破坏圆孔内壁部分。

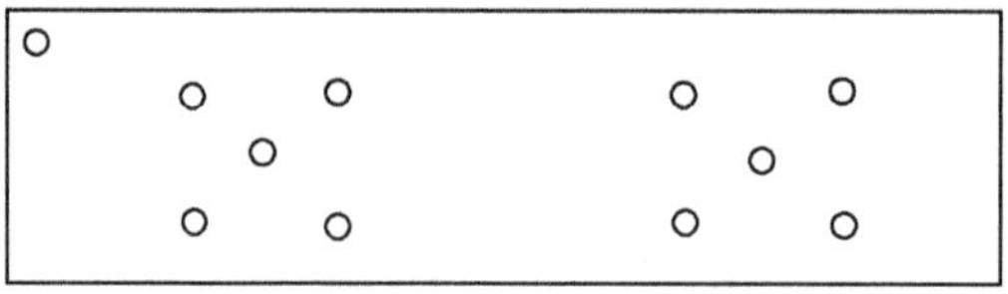

图 42-1　双向免疫扩散平板

4. 加入抗原和抗体

用微量移液器向左区中心圆孔加入 10μl 兔抗人血清，其周围 4 个圆孔，从左上角圆孔开始用微量移液器顺时针依次加入 10μl 的 1∶8、1∶4、1∶2 和未稀释人血清。右区与之类似，不过中心圆孔加入的是 10μl 的人血清，周围 4 个圆孔顺时针依次加入 1∶8、1∶4、1∶2 和未稀释兔抗人血清。

5. 保温保湿反应

将加完样的载玻片放入内部垫有 3~4 层湿纱布的培养皿中，盖好培养皿盖，静置于 37℃恒温培养箱中保温保湿反应 18~24h。

6. 观察结果

观察生成的沉淀线。

【结果与分析】

1. 记录左右两个分区各沉淀线的位置与距离，描绘其特征图谱。

2. 分析抗原、抗体相对浓度与沉淀线的关系。

【注意事项】

1. 加入抗原和抗体时，一定要加在圆孔内，避免溢出或溅出，否则多点扩散将影响实验结果。

2. 保温保湿反应时间要控制好，太短观察不到沉淀线，太长沉淀线将扩散而变得模糊。

【思考题】

1. 双向免疫扩散试验与环状沉淀反应有何异同?
2. 双向免疫扩散试验有哪些可能的用途?

第七章　分子微生物学基础

实验 43　细菌质粒 DNA 的小量制备

【实验原理】

质粒(plasmid)是一种染色体外的遗传因子，大小为 1~200kb，为双链、闭环的 DNA 分子，并以超螺旋状态存在于宿主细胞中。质粒主要发现于细菌、放线菌和真菌细胞中，它具有自主复制和转录能力，能在子代细胞中表达所携带的遗传信息。基因工程操作中通常由质粒携带外源基因进入受体细胞从而获得转基因的细胞，因此提取质粒就成为基因工程操作必不可少的一个环节。经过众多实验室的探索，碱裂解法成为应用最为广泛的制备高质量质粒 DNA 的方法。该方法利用细菌染色体 DNA 和质粒 DNA 在变性与复性过程中的差异而达到分离质粒 DNA 的目的。在碱性条件下，染色体 DNA 双螺旋的氢键断裂，双螺旋结构解开，DNA 变性。质粒 DNA 的大部分氢键也断裂，但共价闭合环状的两条互补链不会完全分离，当用缓冲液将 pH 调至中性时，变性的质粒 DNA 又恢复原来的构型，可溶性地存在于溶液中；但染色体 DNA 不能复性，而是形成缠连的网状结构。离心后，染色体 DNA 与不稳定的大分子 RNA、蛋白质-SDS 复合物等一起沉淀下来而被除去。

【实验目的和要求】

通过本实验学习并掌握质粒 DNA 的提取方法。

【实验器材】

1. 器材

小型台式离心机、移液器、振荡器、1.5ml 的 Eppendorf 管、天平、量筒等。

2. 试剂

葡萄糖、十二烷基磺酸钠(SDS)、酚、氯仿、无水乙醇、EDTA、乙酸钾、NaOH、Tris 碱等。

3. 菌株

含有质粒的大肠杆菌株。

【实验方法与步骤】

1. 将含有质粒的大肠埃希氏菌种接种到 5ml LB 液体培养基(含 100 μg/ml Amp)中，37℃振荡培养约 12h 至对数生长后期。

2. 配制溶液 I、溶液 II、溶液 III。

溶液 I：50mmol/L 葡萄糖溶液、25mmol/L Tris-HCl (pH 8.0)、10mmol/L EDTA (pH 8.0)。

溶液 II：0.2mol/L NaOH、1%SDS。

溶液 III：5mol/L 的乙酸钾。

3. 取菌液 1ml 至 1.5ml Eppendorf 管中，12 000r/min 离心 1min，去上清并将 Eppendorf 管在吸水纸上倒置片刻，使液体流尽。

4. 菌体沉淀重悬于 100μl 溶液 I 中，剧烈振荡使菌体充分重悬。

5. 加入新配制的溶液 II 200μl，盖紧管口，立即将离心管颠倒混匀数次直到溶液变清亮，冰浴 5min。

6. 加入 150μl 预冷的溶液 III，盖紧管口，颠倒混匀数次直到白色沉淀充分形成，冰浴 5min，12 000*g* 离心 10min。

7. 上清液移入干净 Eppendorf 管中，加入等体积的酚/氯仿(1：1)，振荡混匀，12 000*g* 离心 5min。

8. 将上清液移入干净的 Eppendorf 管中，加入 2 倍体积的在–20℃冰箱中预冷的无水乙醇，颠倒混匀后静置 5~10min，然后 12 000*g* 离心 5min。

9. 小心倒去上清液，将管口敞开倒置于吸水纸上，使所有液体流出，加入 1ml 70%乙醇液洗涤一次，12 000*g* 离心 2min。

10. 小心倒去上清液，短暂离心后用移液器吸干液体，将 Eppendorf 管放在超净台吹 3~5min。

11. 将沉淀溶于 50μl TE 缓冲液(pH 8.0，含 20 μg/ml RNase A)中，储于–20℃冰箱中备用。

【结果与分析】

1. 加入溶液 II 将细菌裂解后轻轻打开 Eppendorf 管，可以在管口看到丝状物，此为核酸。

2. 步骤 8 后可以在 Eppendorf 管底部看到细小的乳白色沉淀，此即质粒 DNA。

3. 质粒 DNA 溶解后为无色透明液体。

【注意事项】

1. 菌体重悬于溶液 I 要充分，不能有颗粒存在，否则会影响裂解。

2. 步骤 6 后，如果溶液中仍然有悬浮颗粒，可以将上清移到一新的 Eppendorf 管中，再次离心 5min。

3. 步骤 7 在吸取上清时勿将沉淀吸取。

4. 沉淀 DNA 通常用冰乙醇，低温条件下放置时间稍长可使 DNA 沉淀完全。

5. 溶液 II 在温度较低时，可能会产生沉淀，需先用水浴加热溶解，混匀后再使用。溶液 II 易被空气中的 CO_2 酸化，用完后应立即盖紧瓶盖。

【思考题】

1. 采用碱裂解法提取的质粒 DNA 往往混有 RNA，如何去除？

2. 如何鉴定提取的质粒 DNA 中是否混有蛋白质？

3. 加入溶液 II 后，为什么不能剧烈振荡？

实验 44　感受态细胞的制备

【实验原理】

所谓感受态，是指细菌生长过程中的某一阶段可以作为转化的受体，能接受外源 DNA 而不将其降解的生理状态。感受态形成后，细胞生理状态会发生改变，出现各种蛋白质和酶，负责供体 DNA 的结合和加工等。细胞表面正电荷增加，通透性增加，形成能接受外来 DNA 分子的受体位点等。为了把外源 DNA 引入大肠杆菌，就必须先制备能吸收外来 DNA 分子的感受态细胞。

目前，感受态细胞的制备常用冰预冷的 $CaCl_2$ 处理细菌的方法制备，即用低渗 $CaCl_2$ 溶液在低温(0℃)时处理快速生长的细菌，从而获得感受态细菌。此时细胞膨胀成球形，外源 DNA 分子在此条件下易形成抗 DNA 酶的羟基-钙磷酸复合物黏附在细菌表面，通过热激作用促进细胞对 DNA 的吸收。转化效率可达 10^6~10^7 转化子/μg DNA。

【实验目的和要求】

了解和掌握应用 $CaCl_2$ 法制备感受态细胞的方法。

【实验器材】

1. 菌株

大肠杆菌 DH5α 菌株。

2. 培养基

LB 固体和液体培养基。

3. 仪器及用具

灭菌的 Eppendorf 管、灭菌 50ml 离心管、恒温摇床、电热恒温培养箱、台式高速冷冻离心机、超净工作台、超低温冰箱、制冰机、微量移液枪等。

4. $CaCl_2$ 溶液

0.05mol/L $CaCl_2$ 溶液：称取 0.28g $CaCl_2$(无水，分析纯)，溶于 50ml 双蒸水中，定容至 100ml，高压灭菌；含 15%甘油的 0.05mol/L $CaCl_2$：称取 0.28g $CaCl_2$(无水，分析纯)，溶于 50ml 双蒸水中，加入 15ml 甘油，定容至 100ml，高压灭菌。

【实验方法与步骤】

1. 从平板上挑取 DH5α 菌株单个菌落，接种至含有 3ml LB 培养液的试管中，37℃振荡培养过夜。

2. 次日取菌液 1ml 接种至含有 100ml LB 培养基的 500ml 三角瓶中，37℃剧烈振荡培养 2~3h(200~300r/min)。

3. 当菌液 600nm OD 值达到 0.3~0.4 时，将三角瓶取出，在冰上放置 10~15min。

4. 在无菌条件下把菌液倒入 50ml 离心管中，4℃，4000*g* 离心 5min。

5. 弃上清，将管倒置于干滤纸上 1min，吸干残留的培养液。加 10ml 0.05mol/L 的 $CaCl_2$ 到离心管中，轻轻悬浮菌体，冰浴 15~30min。

6. 4℃，4000*g* 离心 5min，弃上清，将管倒置于干滤纸上 1min，吸干残留的培养液。加 4ml 冰预冷的、含 15%甘油的 0.05mol/L $CaCl_2$，重悬菌体。每管 0.1ml 分装，放在 4℃保存备用，24~48h 内使用效果较好。如果暂时不用，可再保存于 −80℃的低温冰箱中。

【结果与分析】

观察大肠杆菌 DH5α菌株的生长情况，分析菌液浓度对制备感受态细胞的影响，并在 DNA 转化实验中予以验证。

【注意事项】

本方法的关键是选用的细菌必须处于对数生长期，实验操作必须在低温下进行。细胞生长密度以刚进入对数生长期时为好，可通过监测培养液的 OD_{600} 来控制，DH5α 菌株的 OD_{600} 为 0.4 时，细胞密度比较合适。

【思考题】

哪些因素影响感受态细胞的制备？

实验 45　质粒 DNA 的转化

【实验原理】

转化是将外源 DNA 分子通过物理或化学的方法导入受体细胞中，使之获得新的遗传特性的一种方法，是基因工程和分子生物学等研究领域的基本实验技术之一。转化所用的受体细胞一般是限制-修饰系统缺陷变异株，即不含限制性内切核酸酶和甲基化酶(R-，M-)，这样才不会将外源 DNA 分子切割和降解。

普通的细菌由于细胞膜的屏障作用，外源的 DNA 分子很难进入细胞，所以必须经过一定的理化方法处理，使细胞膜的通透性发生暂时性改变，成为能允许外源 DNA 分子进入的感受态细胞。进入受体细胞的 DNA 分子通过复制和表达实现信息的转移，使受体细胞具有新的遗传性状。将经过转化的细胞在筛选培养基上培养，即可筛选出转化子(带有外源 DNA 分子)的细胞。在实际操作中，一般外源 DNA 分子是具有选择标记的质粒 DNA，而选择标记通常是氨苄青霉素抗性，这样在含有氨苄青霉素的选择性培养基上，只有接受了质粒 DNA 的受体细胞才能生长，而没有导入外源质粒的细胞不能生长。

对 DNA 分子来说，能被转化进受体细胞的概率极低，通常只占 DNA 分子的 0.01%。转化的过程较复杂，大致包括以下几个阶段：①吸附——完整的双链 DNA 分子吸附在受体菌表面；②转入——双链 DNA 分子解链，单链 DNA 分子进入受体菌，另一链降解；③自稳——外源质粒 DNA 分子在细胞内又复制成双链环状 DNA；④表达——供体基因随复制子同时复制，并被转录和翻译。

影响转化效率的因素很多，主要有：感受态细胞制备的质量、质粒的大小和构型、所用试剂的纯度、接种前菌种的保藏方式、冰浴时间(延长冰浴时间可略微提高转化率)、质粒与细胞个数的比例(质粒与细胞个数比例在 1∶1 以下时，转化率随着加入 DNA 量的增加而呈线性增加)。

【实验目的和要求】

1. 掌握质粒 DNA 转化大肠杆菌的方法；

2. 了解转化的条件及选择重组质粒 DNA 的原理和方法。

【实验器材】

1. 菌株

质粒 DNA、大肠杆菌 DH5α 感受态细胞、

2. 培养基

含氨苄青霉素(100mg/ml)的 LB 固体培养基。

3. 仪器及用具

制冰机、超净工作台、恒温培养箱、电热恒温水浴锅、移液枪、涂布棒、酒精灯等。

【实验方法与步骤】

1. 从−80℃冰箱中取出大肠杆菌感受态细胞，用双手来回搓动使其快速融化后放到冰盒中，在无菌条件下，加入 0.2~0.5μl 的质粒 DNA 到感受态细胞中，用手指轻弹几下混匀，置冰浴中 30min。

2. 42℃恒温水浴热激 90s，迅速冰浴 2~5min。

3. 用移液枪取 0.1ml 转化菌液直接涂布于含氨苄青霉素(100mg/ml)的 LB 固体培养基上。

4. 用移液枪取未经转化的受体大肠杆菌感受态菌液 0.1ml 直接涂布于含氨苄青霉素(100mg/ml)的 LB 固体培养基上，作为受体菌对照。

5. 将步骤 3、4 涂布培养皿先置室温 15min 左右，使涂布上的菌液干燥不会流动。然后倒置于恒温箱中 37℃培养过夜。

6. 第二天取出培养皿，观察对照平皿和转化平皿菌落生长情况。

【结果与分析】

对照平皿因受体菌对 Amp 敏感，故不能在含 Amp 的培养基上生长。转化平皿长出白色菌落，说明有质粒 DNA 导入。菌落的多少反映转化效率的高低。

【注意事项】

1. 质粒 DNA 与受体细胞混合时，一定保持在冰浴条件下操作，如果温度时高时低，转化效率将受影响。

2. 热处理 90s 后，要迅速冰浴。

3. 在平板上涂布细菌时，注意避免反复来回涂布，因为感受态细菌的细胞壁有了变化，过多的机械压涂布将会使细胞破裂，影响转化效率。

4. 根据所用质粒 DNA 的特性，设置相应的选择性培养基进行筛选。

【思考题】

比较对照平皿和转化平皿，讨论转化成败的原因。

实验46 DNA 重 组

【实验原理】

DNA 重组技术是 20 世纪 70 年代发展起来的，是基因克隆技术中的关键技术之一。外源 DNA 与载体分子的体外连接就是 DNA 重组，重组 DNA 分子是在 DNA 连接酶的作用下，有 Mg^{2+}和 ATP 存在的连接缓冲系统中，将经过酶切的或去磷酸处理的载体分子与外源 DNA 分子进行连接。这种经过重新组合的 DNA 称为重组体或重组子。

限制性内切核酸酶：一种在特殊核苷酸序列处水解双链 DNA 的内切酶，是基因工程中所用的重要切割工具。基因工程上所使用的限制酶能够在特定酶切部位进行切割，按照切割的方式，又可以分为错位酶切和平酶切两种。错位酶切一般是在两条链的不同部位切割，中间相隔几个核苷酸，切下后的两端形成一种回文式的单链末端，这个末端能与具有互补碱基目的基因的 DNA 片段连接，故称为黏性末端，这种酶在基因工程中应用最多。另一种是在两条链特定序列的相同部位切割，形成一个无黏性末端的平口。如果是单酶切，为了防止载体本身的自身连接，可以用牛小肠碱性磷酸酶处理，去掉酶切后 5'端的磷酸。这样做能有效防止质粒的自身环化，降低转化的背景，大大提高重组子形成的效率。

DNA 连接酶主要用于基因工程，催化两条 DNA 双链上相邻的 5′端磷酸基和 3′端羟基之间形成磷酸二酯键，将限制性内切核酸酶酶切的黏性或平末端重新组合，但是平末端连接的效率比黏性末端的连接效率低。连接反应的温度在 37℃时有利于提高连接酶的活性，但是在这样的温度下，黏性末端的氢键结合是不稳定的。一般连接条件为 12~16℃，反应 12~16h，这样既可最大限度地发挥连接酶的活性，又能兼顾黏性末端短暂配对结构的稳定。连接产物转化宿主细胞后，还需对转化菌落进行筛选鉴定，挑选出所需的重组质粒。

【实验目的和要求】

1. 掌握 DNA 重组的原理及过程；

2. 掌握 DNA 重组的基本技术。

【实验器材】

1. 仪器

恒温摇床、恒温水浴锅、恒温培养箱、低温冷冻离心机、超净工作台、凝胶成像系统等。

2. 材料

宿主菌感受态细胞、目的基因产物、质粒、限制性内切核酸酶、T4 DNA 连接酶、乙酸钠、氢氧化钠、琼脂糖、抗生素、无水乙醇、乙酸、三羟甲基氨基甲烷、乙二胺四乙酸、溴酚蓝、溴化乙锭、胶回收试剂盒、离心管、枪头、培养皿、三角瓶、试管等。

【实验方法与步骤】

1. 质粒 DNA 的制备

按实验 43 的方法提取质粒 DNA。

2. 目的基因的获取

根据目的基因克隆的方法获得目的基因，并按照回收试剂盒说明书进行目的基因的回收。

3. 质粒 DNA 和目的 DNA 的酶切

(1) 按以下体系进行 PCR 产物的限制性内切核酸酶双酶切，酶切时间为 3h。

胶回收后的 PCR 产物	约 1μg
限制性内切核酸酶	各 1μl
10×限制酶缓冲液	2μl
ddH_2O	xμl
总体积	20μl

(2) 对目的基因酶切产物进行乙醇沉淀回收，用 ddH_2O 补足总体积至 100μl，加 14μl 3mol/L pH 5.2 的乙酸钠，加入 2 倍体积预冷的无水乙醇，上下颠倒混匀，冰上静置 30min，12 000r/min 离心 10min，再用 200μl 70%乙醇洗涤，晾干，用适量 ddH_2O 重溶。

(3) 对质粒载体同样进行相应的双酶切并且按照胶回收试剂盒说明书进行回收。

(4) 电泳检测：各取 2μl 目的基因和质粒回收产物进行琼脂糖电泳，分析酶切产物的酶切效果和回收率。

4. 连接与转化

(1) 按以下体系进行连接反应，16℃连接过夜。

T4 DNA 连接酶	1μl
10 ×连接酶缓冲液	2μl
酶切的质粒载体	*X*μl
酶切的目的基因	*Y*μl
加 ddH_2O 补至总体积	20μl

注意：质粒和目的基因相对浓度比为 1∶10~1∶3。

(2) 转化：取上述连接液和宿主菌感受态细胞，参照实验 45 的方法进行转化，并取宿主菌感受态细胞作为阴性对照，用涂布棒混合均匀后涂布平板，37℃倒置培养约 16h。

【结果与分析】

经过约 16h 培养，对照实验的培养皿上没有任何细菌生长，但是实验组培养皿上长出许多对相应抗生素有抗性的菌落。如果载体上有β-半乳糖苷酶基因，能够进行蓝白斑筛选，可见培养皿上既有白色菌落又有蓝色菌落，白色菌落为 DNA 重组子，蓝色菌落为含不带目的基因空质粒的单菌落。

提取重组质粒进行酶切鉴定，可见成功的重组子有两条带：一条为质粒条带，一条为目的基因条带。

【注意事项】

1. 本实验所用的离心管和枪头必须是全新的，并经过高压蒸汽灭菌、烘干。

2. 酶切和连接实验中所有试剂，特别是酶都必须放在冰上，操作过程在冰上完成，酶最后加，用前从–20℃冰箱里取出，用完立即放回冰箱，防止酶失活；酶的加入量要少于反应体积的 1/10，否则酶液中所含甘油会抑制酶促反应。

3. 限制性内切核酸酶的酶切温度要视具体酶而定，而且如果同时用两种不同限制性内切核酸酶进行酶切要注意使用它们的通用缓冲液，保证两种不同的酶都能发挥它们的最大活性。

4. 10×连接酶缓冲液含有 ATP，使用前应放在冰上或室温至融化，不要加热融化以免 ATP 降解；如果需要在连接反应后灭活 T4 DNA 连接酶，在 65℃孵育 10min 即可。

【思考题】

1. 在实验设计时，如何选择合适的限制性内切核酸酶进行 DNA 重组？

2. 进行连接时，可能通过哪些方法提高连接的效率？怎么设置连接反应的对照组？

3. 除了酶切鉴定重组子之外，还可以用其他什么方法进行鉴定？

实验 47　土壤中总 DNA 的提取

【实验原理】

微生物在地球生物、化学循环中起着重要的作用，是生态系统的重要组成部分。目前，关于土壤微生物尤其是土壤中微生物多样性及其在生态系统中的作用的研究越来越受到重视。土壤中微生物种类极其丰富，1g 农田土壤中就含有几百万细菌、数十万真菌孢子及数万个原生动物和藻类，但是绝大部分微生物目前还不能获得纯培养，传统的培养技术仅能获得土壤中微生物总种群数的 1%左右，而不能获得纯培养的微生物才是土壤微生物多样性的主体。随着研究的深入和技术的进步，借助分子生物学的研究方法如 PCR-RFLP、PCR-SSCP、PCR-DGGE 等，可以更加充分地反映土壤微生物种群的真实情况。采用合适的方法从土壤中提取合适纯度及大小的微生物 DNA 片段，是从分子水平对土壤微生物进行研究的前提条件。

由于土壤样品种类繁多、组成复杂、物化性质多变，所以要从土壤样品中提取出高质量、无偏好的微生物基因组总 DNA 并不容易。随着微生物生态学的发展，各种提取土壤样品 DNA 的方法陆续建立起来。总体而言，目前从土壤样品中提取 DNA 的方法大体上分为两类：一类是直接提取法，即直接运用各种化学和物理方法裂解土壤样品中的微生物细胞，再抽提总 DNA；另一类是间接提取法，先采用差速离心等物理方法将微生物细胞从样品中分离出来，然后用较温和的方法抽提 DNA。一般前者的设备要求相对简单，提取效率较高；而后者的设备要求高，但提取的 DNA 纯度高、片段大。总的来说，从土壤样品中提取 DNA 没有通用的最佳方案，要根据具体的土壤特点、实验室条件和实验目的而定。

本实验采用直接提取法，主要采用化学方法裂解细胞，辅之酶处理等方法，然后用氯仿/异戊醇除去蛋白质，异丙醇沉淀 DNA。

【实验目的和要求】

学习从土壤样品中提取 DNA 的过程和方法。

【实验器材与试剂】

天平、摇床、涡旋混匀器、恒温水浴锅、离心机、离心管、核酸蛋白测定仪。Tris-HCl、EDTA、磷酸钠、NaCl、CTAB、PVPP、溶菌酶、SDS、氯仿、异戊醇、乙醇等。

【实验方法与步骤】

1. 无菌操作台中，称取土壤样品各 5 g (湿重)，置于 50ml 无菌离心管中。

2. 每管加入 13.5ml DNA 提取缓冲液[100mmol/L Tris-HCl (pH 8.0)、100mmol/L EDTA (pH 8.0)、100mmol/L 磷酸钠 (pH 8.0)、1.5mol/L NaCl、1%

CTAB、2%PVPP]，剧烈涡旋 5~10min，使土壤颗粒充分分散于缓冲液中。

3. 每管加入溶菌酶(终浓度为 15mg/ml)，将上述样品置 37℃，225r/min，水平振摇 45min。

4. 每管加入 1.5ml 20% SDS，上下颠倒混匀，65℃水浴 2~3h，其间每隔 20min 温和颠倒混匀一次。

5. 水浴裂解过程结束后，待裂解物冷却至室温，立即加入预冷的等体积氯仿/异戊醇(24∶1，V/V)，上下颠倒，充分混合均匀后，室温下于 8000g 离心 15min (此抽提过程可重复 2~3 次)。收集上清，加入 0.6 倍体积的预冷异丙醇，室温下沉淀 1h。

6. 室温下，11 000g 离心 20min 收集沉淀。

7. 核酸沉淀用 70%冰乙醇洗涤 2 次，11 000g 离心 5min，重悬于 100μl 无菌 TE 缓冲液(10mmol/L Tris、1mmol/L EDTA、pH 8.0)中。核酸蛋白测定仪测定 DNA 含量及 A_{260}/A_{280}、A_{260}/A_{230} 的值。

8. 凝胶电泳，用溴化乙锭染色，在紫外光下检查结果。

【结果与分析】

DNA 的纯度主要是看蛋白质和腐殖酸污染的程度，可通过 A_{260}/A_{280} 和 A_{260}/A_{230} 的值来评价。A_{260}/A_{280} 是衡量蛋白质污染程度的指标，通常在 1.7~1.8 较好；A_{260}/A_{230} 是衡量腐殖酸污染程度的指标，一般在 1.7~2.0 较好。

【注意事项】

室温沉淀 1h 然后离心收集 DNA，土壤的生物量不是很多，所以最后贴在离心管壁上的带有黄褐色的那点东西就是 DNA，然后可以加适量 TE 溶解，不要急于用移液枪抽吸，否则很容易打断 DNA。

在用异丙醇和离心沉淀 DNA 时只能在室温下进行，而不是通常的 4℃离心，因为溶液中有高浓度的 SDS，低温会导致 SDS 沉淀。

【思考题】

1. 实验中加入溶菌酶的作用是什么？
2. 实验中加入 SDS 的作用是什么？
3. 影响土壤中总 DNA 提取的主要因素有哪些？

实验 48　PCR　技　术

【实验原理】

PCR 是聚合酶链反应(polymerase chain reaction)的简称，模拟 DNA 聚合酶在生物体内的催化作用，以待扩增的 DNA 为模板，在体外进行特异 DNA 序列的扩增。由于其具有快速、特异性强、灵敏度高、操作简便、省时等特点，所以在分子生物学领域具有举足轻重的地位，极大地促进了生命科学研究的发展。

PCR 被认为是与发生在细胞内的 DNA 复制过程相似的技术，它主要包括如下 3 个步骤。

(1) 变性(denaturation)：目的双链 DNA 片段在 94℃下解链，使之成为单链，以便它与引物结合，为下轮反应做准备。

(2) 退火(annealing)：模板 DNA 经加热变性成单链后，在适当温度下一对寡核苷酸引物与模板 DNA 单链的目的序列通过氢键进行碱基配对。

(3) 延伸(extension)：DNA 模板与引物结合物在 *Taq* DNA 聚合酶的催化下，以 dNTP 为反应原料、靶序列为模板，按碱基配对与半保留复制原理，合成一条新的与模板 DNA 链互补的半保留复制链。

这种扩增是以上述 3 步反应为循环完成的。由于每一循环所产生的 DNA 片段均能成为下一次循环的模板，故 PCR 产物以指数方式增加。理论上每一轮循环可使 DNA 数量增加一倍，一个分子的模板经过 n 个循环可得 2^n 个分子拷贝产物，从而实现了体外 DNA 分子的大量迅速扩增。

【实验目的和要求】

1. 掌握 PCR 的基本原理；
2. 掌握 PCR 技术的常规操作，包括移液枪和 PCR 仪的使用。

【实验器材】

PCR 仪、凝胶成像分析系统、0.2ml PCR 薄壁管、移液枪、电泳槽、电泳仪、离心机、枪头、微波炉、琼脂糖、模板 DNA、2.5mmol/L dNTP、5U/μl *Taq* DNA 聚合酶、10μmol/L 正向和反向引物、10×PCR 缓冲液、15mmol/L $MgCl_2$、无菌 ddH_2O、1×TAE 电泳缓冲液、溴化乙锭、上样缓冲液(0.25%溴酚蓝和 0.25%二甲苯青 FF)、DNA 分子质量参照物等。

【实验方法与步骤】

1. PCR 扩增

按照以下组分依次加入一支 200μl PCR 薄壁管中，反应体系如下：

10×PCR 缓冲液	2.5μl
dNTP(各 2.5mmol/L)	0.5μl
10 μmol/L 正向引物	1.0μl
10 μmol/L 反向引物	1.0μl
15mmol/L $MgCl_2$	1.5μl
模板 DNA	约 10ng 质粒、约 1μg 基因组 DNA
Taq 酶	0.5μl
加 ddH_2O 至总体积	25μl

轻弹管壁，混匀后稍许离心，将其放在设定好的 PCR 仪上运行。PCR 程序为：

94℃，5min→(94℃，1min→55℃，1min→72℃，1.5min)35 个循环→72℃，10min→4℃保存(注：其中退火温度依引物的 T_m 值不同而定，延伸时间以扩增的目的片段长度为准)。

2. 结果检测

取 5μl PCR 扩增产物与上样缓冲液混合，用 1.0%的琼脂糖凝胶电泳检测，用 DNA 分子质量参照物作相对分子质量指示，鉴定 PCR 产物是否存在及其大小。100V 电泳 30~45min，电泳结束后切断电源，取出凝胶，在凝胶成像系统中观察结果。

【结果与分析】

通过凝胶成像系统对结果进行拍照，分析 PCR 扩增情况，包括扩增出的目的条带出现拖带或非特异性扩增、无 DNA 带或 DNA 带很弱等的可能原因。

【注意事项】

1. 第一次使用PCR仪前必须仔细阅读PCR仪使用说明书或认真听老师讲解，严格按照要求操作，一旦出现异常情况应立即终止仪器的运行。

2. 操作过程均需在冰上进行，各成分不能有遗漏，所有组分加好后都要充分混匀，并用离心机轻甩一次。

3. 引物一般在生物公司合成，溶解之前要先离心，防止打开盖子时粉末状引物飞扬损失；溶解后进行分装，避免反复冻融；引物的最佳浓度一般需要进行预实验。

4. PCR 退火温度要根据引物参数如 GC 比、碱基数目确定，退火温度太低易出现非特异性扩增，太高有可能不出现目的条带，一般为 T_m 值减去 5。

5. PCR 反应的灵敏度很高，为了防止污染，使用的 0.2ml PCR 薄壁管和枪头都必须是新的、无污染的，实验操作需戴上手套，并尽可能在超净工作台中进行，PCR 实验应设立阴性对照反应，即在反应体系中不加模板 DNA。

【思考题】

1. PCR 的基本原理是什么？循环结束后为何要继续延伸 10min？

2. 影响 PCR 结果的主要因素可能有哪些？

3. 针对你的实验结果，如果成功，总结有哪些经验；如果失败，分析可能原因。

4. 设计引物时要遵循哪些主要原则？

5. 如何避免出现假阳性扩增？

第八章　应用微生物学实验

实验 49　水中细菌总数的测定

【实验原理】

水中细菌总数是水质卫生检验的重要指标，反映了水样被有机物污染的程度。检验水中细菌总数，当然可以采用直接显微计数法，但这样费时费力，所以本实验采用间接平板菌落计数法来测定。1ml 水样在提供完全营养的牛肉膏蛋白胨培养基上，37℃培养 24h，平板上生长出的细菌菌落数对应的就是水中细菌总数。

【实验目的和要求】

1. 学习并掌握水样采集的方法；
2. 学习并掌握水中细菌总数的测定方法。

【实验器材】

1. 培养基

牛肉膏蛋白胨琼脂培养基。

2. 水样

自来水、池塘水、河流水。

3. 仪器与用具

恒温培养箱、无菌三角瓶、无菌水、无菌移液管、无菌培养皿、无菌试管、酒精灯、75%乙醇棉球、记号笔等。

【实验方法与步骤】

1. 取样

(1) 自来水

自来水龙头用 75%乙醇棉球擦拭后，用酒精灯火焰灼烧 5min 灭菌，打开水龙头放水 10min 后，用无菌三角瓶接取水样约 100ml。

(2) 池塘水、河流水

用无菌移液管在水面下 10cm 左右吸取水样，放入无菌三角瓶，采取水样约 100ml。

2. 加入水样

(1) 自来水

用无菌移液管吸取 1ml 水样，加入培养皿中，平行做三个培养皿，用记号笔做好标记。

(2) 池塘水、河流水

水样用无菌水按 10 倍稀释法稀释为 10^{-1}、10^{-2}、10^{-3} 和 10^{-4} 4 个稀释度，每个稀释度吸取 1ml 加入培养皿，每个稀释度平行做三个培养皿，用记号笔做好标记。

3. 加入培养基

向每个加有水样的培养皿加入约 15ml 灭菌后冷却至 45~50℃的牛肉膏蛋白胨琼脂培养基，在桌面上轻轻旋转，使水样与培养基充分混匀。

4. 保温培养

待培养基凝固后，将培养皿倒置放入 37℃恒温培养箱内培养 24h。

5. 平板菌落计数

观察并记录细菌菌落。

【结果与分析】

1. 平板菌落计数结果：三个平行平板菌落数取平均值，将结果记录于表 49-1 中。

表 49-1　平板菌落计数结果

水样	10^{-1} 稀释度	10^{-2} 稀释度	10^{-3} 稀释度	10^{-4} 稀释度
自来水				
池塘水				
河流水				

2. 对于不同稀释度的结果，需要以菌落数平均值乘以稀释倍数，才是 1ml 水样中细菌菌落总数。

【注意事项】

1. 采集水样后应立即进行测定，若不能及时测定则需要放在冰箱中 4℃保存。

2. 平板菌落计数应当选择菌落数为 30~300 的平板为有效平板，加以计数并记录于表格中，超出这个范围为无效平板。

3. 若某一有效平板中有片状菌苔，但菌苔在平板一侧并且不超过平板总面积的一半，而其余半侧中菌落正常分布，则可计数半侧菌落数并乘以 2 作为该平板菌落数。

4. 若所有平板菌落计数结果都不为 30~300，则应根据实际结果重新确定稀释度，重做实验。

【思考题】

1. 水中细菌总数的测定有何重要意义？

2. 不同来源的水样细菌总数为何有很大差异？试分析导致差异的可能原因。

实验 50　多管发酵法测定水中大肠菌群数

【实验原理】

水是微生物广泛分布的天然环境。水的微生物学检验，特别是肠道细菌的检验，在保证饮用水安全和控制传染病上有重要意义。水的微生物学检验主要包括细菌总数与大肠菌群数的检测。

大肠菌群(collform group)是一群以大肠杆菌(*E. coli*)为主的需氧和兼性厌氧的革兰氏阴性无芽孢杆菌的总称，主要包括埃希氏杆菌属(*Escherichia*)、柠檬酸杆菌属(*Citrobacter*)、克雷伯氏菌属(*Klebsiella*)和肠杆菌属(*Enterobacter*)的细菌，是肠道中分布最普遍、数量最多的一类细菌。水的大肠菌群数是指 100ml 水样内含有的大肠菌群实际数值，以大肠菌群最近似数(MPN)表示。在正常情况下，这些细菌都可随人畜排泄物进入水源，因此只要通过检测水样中的大肠菌群数，就可以反映水源被人畜排泄物污染的程度。我国卫生部门规定的饮用水标准是：1L 饮用水水源中的细菌总数不可超过 1000 个，而 1L 饮用水中的大肠菌群数不能超过 3 个。

大肠菌群的常用检测方法有多管发酵法和滤膜法。多管发酵法包括初(步)发酵试验、平板分离和复发酵试验三个部分。初(步)发酵试验：水样接种于乳糖发酵管内，37℃下培养，24h 内产酸产气为阳性结果；延迟到 48h 后才产气，为疑似阳性。因此，以上两种结果均需继续做下面两部分实验，才能确定是否是大肠菌群。48h 后仍不产气的为阴性结果。平板分离：将以上两种待检样品在伊红美蓝琼脂(eosin methylene blue agar，EMB agar)平板上进行菌落的划线分离，如果形成带核心的、有金属光泽的深紫色(龙胆紫的紫色)菌落则为阳性结果。复发酵试验：以上大肠菌群阳性菌落，经涂片染色为革兰氏阴性无芽孢杆菌者，重复乳糖发酵管试验，经 24h 培养产酸又产气者，最后确定为大肠菌群阳性结果。

【实验目的和要求】

1. 了解和学习水中大肠菌群数量的测定原理及测定意义；
2. 学习和掌握多管发酵法测定水中大肠菌群的数量；
3. 了解大肠菌群的数量在饮用水中的重要性。

【实验器材】

1. 培养基

乳糖蛋白胨发酵管(内有倒置小套管)、3 倍浓缩乳糖蛋白胨发酵管(瓶)(内有倒置小套管)、伊红美蓝琼脂平板、灭菌水。

2. 器材

载玻片、灭菌带塞三角瓶、灭菌吸管、灭菌试管、显微镜等。

【实验方法与步骤】

1. 水样的采集

(1) 自来水

先将自来水龙头用酒精灯火焰灼烧灭菌，先放水 5min，以冲去龙头口所带的微生物，再用灭菌三角瓶接取水样以备分析。

(2) 池水、河水、湖水等地面水源水

在距岸边 5m 处，取距水面 10~15cm 的深层水样，先将灭菌的具塞三角瓶瓶口向下浸入水中，然后翻转过来，除去玻璃塞，水即流入瓶中，盛满后，将瓶塞盖好，再从水中取出。如果不能在 2h 内检测的，需放入冰箱中保存。

2. 自来水检查

(1) 初(步)发酵试验

在 2 个含有 50ml 的 3 倍浓缩乳糖蛋白胨发酵三角瓶中(内有倒置小套管)，各加入 100ml 水样。在 10 支含有 5ml 的 3 倍浓缩乳糖蛋白胨发酵管中(内有倒置小套管)，各加入 10ml 水样。混匀后，37℃培养 24h，24h 未产气的继续培养至 48h。

(2) 平板分离

经培养 24h 及 48h 产酸产气的发酵管(瓶)，分别划线接种于伊红美蓝琼脂平板(EMB 培养基)上，再于 37℃下培养 18~24h。大肠菌群菌落在 EMB 平板上的特征为：深紫黑色、有金属光泽，或紫黑色、不带或略带金属光泽，或淡紫红色、中心颜色较深。将符合以上特征的菌落的一小部分进行涂片，革兰氏染色，镜检。

(3) 复发酵试验

经涂片、染色、镜检，如为革兰氏阴性无芽孢杆菌，则挑取该菌落的另一部分，重新接种于普通浓度的乳糖蛋白胨发酵管中，每管可接种来自同一初发酵管的同类型菌落 1~3 个，37℃培养 24h，结果若产酸又产气，即证实有大肠菌群存在。

证实有大肠菌群存在后，再根据初发酵试验的阳性管(瓶)数查表 50-1，即得大肠菌群数。

3. 池水、河水或湖水等的检查

用于检验的水样量，应根据预计水源水的污染程度选用下列各量。

(1) 严重污染水：1ml、0.1ml、0.01ml、0.001ml 各 1 份

(2) 中度污染水：10ml、1ml、0.1ml、0.01ml 各 1 份

(3) 轻度污染水：100ml、10ml、1ml、0.1ml 各 1 份

(4) 大肠菌群变异不大的水源：100ml 共 10 份

操作步骤同自来水的检验，然后根据证实有大肠菌群存在的阳性管(瓶)数，查表 50-2~表 50-4，报告每升水样中的大肠菌群数(MPN)。

表 50-1　大肠菌群检索表(自来水)

100ml 水量的阳性瓶数 / 10ml 水量的阳性管数	0	1	2
	每升水样中大肠菌群数	每升水样中大肠菌群数	每升水样中大肠菌群数
0	<3	4	11
1	3	8	18
2	7	13	27
3	11	18	38
4	14	24	52
5	18	30	70
6	22	36	92
7	27	43	120
8	31	51	161
9	36	60	230
10	40	69	>230

注：接种水样总量 300ml (100ml 2 份，10ml 10 份)。

表 50-2　大肠菌群检索表(轻度污染水)

接种水样量/ml				每升水样中大肠菌群数
100	10	1	0.1	
–	–	–	–	<9
–	–	–	+	9
–	–	+	–	9
–	+	–	–	9.5
–	–	+	+	18
–	+	–	+	19
–	+	+	–	22
+	–	–	–	23
–	+	+	+	28
+	–	–	+	92
+	–	+	–	94
+	–	+	+	180
+	+	–	–	230
+	+	–	+	960
+	+	+	–	2380
+	+	+	+	>2380

注：接种水样总量 111.1ml (100ml、10ml、1ml、0.1ml 各 1 份)。

表 50-3 大肠菌群检索表(中度污染水)

接种水样量/ml				每升水样中大肠菌群数
10	1	0.1	0.01	
–	–	–	–	<90
–	–	–	+	90
–	–	+	–	90
–	+	–	–	95
–	–	+	+	180
–	+	–	+	190
–	+	+	–	220
+	–	–	–	230
–	+	+	+	280
+	–	–	+	920
+	–	+	–	940
+	–	+	+	1 800
+	+	–	–	2 300
+	+	–	+	9 600
+	+	+	–	23 800
+	+	+	+	>23 800

注：接种水样总量 11.11ml (10ml、1ml、0.1ml、0.01ml 各 1 份)。

表 50-4 大肠菌群检索表(严重污染水)

接种水样量/ml				每升水样中大肠菌群数
1	0.1	0.01	0.001	
–	–	–	–	<900
–	–	–	+	900
–	–	+	–	900
–	+	–	–	950
–	–	+	+	1 800
–	+	–	+	1 900
–	+	+	–	2 200
+	–	–	–	2 300
–	+	+	+	2 800
+	–	–	+	9 200
+	–	+	–	9 400
+	–	+	+	18 000
+	+	–	–	23 000
+	+	–	+	96 000
+	+	+	–	238 000
+	+	+	+	>238 000

注：接种水样总量 1.111ml (1ml、0.1ml、0.01ml、0.001ml 各 1 份)。

【结果与分析】

1. 自来水：100ml 水样的阳性管数是多少？10ml 水样的阳性管数是多少？查表 50-1 算出每升水样中大肠菌群数是多少？

2. 池水、河水或湖水：根据不同污染程度的水源，取不同量的水样进行检测，分别根据检索表 50-2~表 50-4 算出每升水样中大肠菌群数是多少？

【注意事项】

1. 无论是自来水或各种水源的水样，采集过程要尽量做到水样不受其他环境的微生物污染，尤其是池水、河水或湖水的水样检测，最好取样后 2h 内测定完毕，如果无法及时完成，应放于冰箱保存。

2. 发酵管培养至少 48h，没有产酸与产气，才能完全确定为阴性反应。

3. 发酵管(瓶)接种量 1ml 及 1ml 以内用单倍乳糖发酵管；接种量在 1ml 以上者，应保证接种后的发酵管(瓶)中总液体量为单倍培养液量。

【思考题】

1. 大肠菌群的定义是什么？大肠菌群的检测与大肠杆菌的检测有什么不同？

2. 为什么要选择大肠菌群作为水源被肠道病原菌污染的指示菌？

3. EMB 培养基含有哪几种主要成分？在检查大肠菌群时，它们各起什么作用？

4. 查阅资料，看看还有哪些检测大肠菌群的方法。

实验 51 牛乳中细菌的检测

【实验原理】

检测牛乳中细菌的数量，可以了解牛乳在生产中，从刚挤出的鲜乳到成品包装再到保藏过程中细菌的含量，从而反映牛乳的卫生质量。牛乳中营养非常丰富，特别适合细菌的大量繁殖。一般来说，细菌数量越多，说明牛乳的卫生质量越差，受到病原菌污染的可能性越大。而细菌数量越少，病原菌污染的可能性就会大大降低甚至几乎不存在。因此在生产上，一般都会利用消毒方法对牛乳进行消毒，达到控制细菌数量的目的。最常用的如巴氏消毒法和超高温瞬时杀菌法。

目前，牛乳的细菌学检测方法主要有 3 种：

(1) 显微镜直接计数法——涂片面积与视野面积之比估算法；

(2) 美蓝还原酶试验法；

(3) 标准平板计数法。

显微镜直接计数法适用于含有大量细菌的牛乳，所以生鲜牛乳可采用这种方法进行检测。如果用显微镜直接观察，每个视野中只有 1~3 个细菌，该牛乳则为一级牛乳；如果牛乳中有很多长链的链球菌和白细胞，通常是来自患乳腺炎的母牛；若一个视野中有很多不同的细菌，则一般说明牛乳被污染了。

美蓝还原酶(methylene blue reductase)试验法是一种定性检测牛乳质量的方法，操作不需特殊设备，非常简便。在牛乳中如果含有大量活细菌，它们就会利用其中的氧，使得溶解氧浓度较低，即氧化-还原电位较低。美蓝是一种氧化还原作用指示剂，在厌氧环境中，它将被还原成无色美蓝(无色亚甲基蓝)。根据美蓝颜色变化速度的不同，可鉴定牛乳的质量。具体标准规定为：

(1) 一级奶，在 6h 美蓝被还原成无色者，质量好；

(2) 二级奶，在 2~6h 被还原者，质量中级；

(3) 三级奶，在 0.5~2h 被还原者，质量较差；

(4) 四级奶，在 30min 内被还原者，质量很差。

标准平板计数法是用于牛乳微生物计数的经典方法，较敏感，牛乳中有少量细菌也能得出较正确的结果。我国消毒牛乳卫生标准用标准平板计数法，细菌总数<3 万个/ml。灭菌牛乳和生鲜牛乳均可用标准平板记数法检测，尤其适用于灭菌牛乳的卫生达标检测。

【实验目的和要求】

1. 了解不同来源牛乳细菌学检测的重要性及其相应的卫生标准；

2. 掌握牛乳的细菌学检测方法。

【实验器材】

生鲜牛乳、巴氏消毒牛乳、牛肉膏蛋白胨琼脂培养基、美蓝溶液(1∶250 000)、无菌水、无菌培养皿、无菌移液管、10μl 移液枪、枪头、载玻片、美蓝染液缸、显微镜、水浴锅、试管架、吸水纸、三角瓶、涂布棒、擦镜纸、酒精灯、75%乙醇、无菌封口膜、计时器、恒温培养箱、超净工作台、接种针、带帽的螺旋试管等。

【实验方法与步骤】

1. 显微镜直接计数法

(1) 在白纸上画出 1cm^2 的方块，然后将载玻片放在纸上。

(2) 用 10μl 移液枪吸取摇匀了的生鲜牛乳样品，放在载玻片 1cm^2 的中央区域。

(3) 用无菌接种针将牛乳涂匀，涂满 1cm^2 的范围。

(4) 在室温条件下使涂片自然晾干，再把涂片放在沸水浴中的试管架上，让水蒸气热固定 5min，晾干。

(5) 将载玻片浸入美蓝染缸内染色 2min。

(6) 取出载玻片，用吸水纸吸去多余的染料，待干。

(7) 再用水缓缓冲洗，晾干。

(8) 将染色干燥的载玻片置于显微镜载物台上，由高倍镜观察转至油镜观察，并计数 30~50 个视野中的细菌数。

(9) 计算

$$每毫升牛乳的细菌总数=平均每个视野的细菌数\times 500\ 000$$

一般油镜的视野直径为 0.16mm，一个视野的面积 $=0.08^2\times3.1416=0.02mm^2=0.0002cm^2$，$1cm^2$ 的视野数=1.0÷0.0002=5000。又由于 $1cm^2$ 的牛乳量为 0.01ml，每一视野中的牛乳量=1/100×1/5000=1/500 000ml，即一个视野中的一个细菌就代表 1ml 牛乳中有 500 000 个细菌。所以，1ml 牛乳中的细菌数=一个视野的细菌数×500 000=平均每视野的细菌数×500 000。

2. 美蓝还原酶试验法

(1) 用记号笔标记 2 支无菌带帽的螺旋试管分别为生鲜牛乳和巴氏消毒牛乳。

(2) 分别取 10ml 生鲜牛乳和巴氏消毒牛乳样品注入试管中。

(3) 再各加入 1ml 美蓝溶液，盖紧管塞。

(4) 轻轻倒转试管约 4 次，放入 37℃水浴中，并记录开始时间，水浴 5min 后，取出试管，再轻轻倒转一次后，放回水浴中继续温浴。

(5) 每隔 30min 观察并记录试管中美蓝颜色的变化，牛乳的颜色从蓝色变为白色代表还原作用完成。当试管中的牛乳至少 4/5 变成白色时为还原作用的终点，记录终点时间，实验重复 3 次。

3. 标准平板计数法

(1) 在无菌培养皿边缘，用记号笔标记各个稀释度的生鲜牛乳和巴氏消毒牛乳。

(2) 将生鲜牛乳和巴氏消毒牛乳样品充分摇匀，按照实验 27 的 10 倍稀释法进行稀释，使它们最高稀释度分别为 10^{-5} 和 10^{-4}。

(3) 用 1ml 无菌移液管各取 1ml 稀释的牛乳到标记有相应稀释度的无菌培养皿中，每个浓度重复 3 次。

(4) 各培养皿倾注约 15ml 已熔化并冷却至 45℃左右的牛肉膏蛋白胨琼脂培养基，立即放在超净工作台面上旋转混匀。

(5) 待凝固后倒置，于 37℃培养箱内培养 24h。

(6) 选择长有 30~300 个菌落的平板计数，并计算出 1ml 生鲜牛乳和巴氏消毒牛乳的细菌总数。

【结果与分析】

1. 显微镜直接计数法：平均每个视野的菌数是多少？每毫升生鲜牛乳细菌总数是多少？并说明生鲜牛乳的质量等级。

2. 美蓝还原酶试验法：根据记录将结果填入表 51-1 中，并根据标准判定两个牛乳样品的质量情况。

表 51-1　美蓝还原酶实验结果记录表

	生鲜牛乳	巴氏消毒牛乳
还原时间/min		
牛乳的质量		

3. 标准平板计数法：将标准平板计数法计数结果填入表 51-2。

表 51-2　标准平板计数法实验结果记录表

样品	不同稀释度的菌落数				每毫升牛乳细菌数
	10^{-2}	10^{-3}	10^{-4}	10^{-5}	
生鲜牛乳					
巴氏消毒牛乳					

【注意事项】

1. 显微镜直接计数时要先用高倍镜观察后才能用油镜进行观察；制片时要用水蒸气进行热固定 5min，防止随后的冲洗过程将牛乳中细菌冲走，同时固定时间不能太长或太短，太长美蓝染液不易冲洗干净，太短不利于细菌固定。

2. 美蓝还原酶试验法要注意每隔 30min 观察一次，准确判断牛乳的颜色变化，试管中的 4/5 以上牛乳由蓝色变成白色即还原作用的终点。

3. 标准平板计数法进行稀释时，每吸取一次都要更换移液管；在培养基与牛乳稀释液混合过程中，培养基温度不能太高，防止将细菌杀死，并且要及时混匀，待凝固后再倒置培养。

【思考题】

1. 美蓝还原酶试验的原理是什么？在不同级别牛乳之间，美蓝还原作用时间存在什么差异？

2. 比较 3 种方法在检测细菌总数方面有什么优缺点？

3. 比较所检测的生鲜牛乳和巴氏消毒牛乳的细菌总数是否符合卫生标准？

4. 如何提高标准平板计数法的准确性？

实验 52　乳酸发酵和乳酸菌饮料制作

【实验原理】

乳酸发酵是指微生物在厌氧条件下，发酵已糖产生乳酸的过程。能够引起乳酸发酵的微生物种类很多，由于菌种不同，代谢途径不同，生成的产物有所不同，将乳酸发酵又分为同型乳酸发酵(经 EMP 途径)、异型乳酸发酵(经 HMP 途径)和双歧杆菌发酵(经 HK 途径-磷酸已糖解酮酶途径)。最常见的乳酸细菌有链球菌属

(*Streptococcus*)、乳杆菌属(*Lactobacillus*)、双歧杆菌属(*Bifidobacterium*)和明串球菌属(*Leuconostoc*)的细菌等。乳酸细菌生成的乳酸，能够抑制一些腐败细菌的活动，常在畜牧业上利用乳酸发酵制造青贮饲料，日常生活中利用乳酸发酵腌制泡菜，食品工业上利用其制造酸奶等。乳酸细菌只有在厌氧条件下才进行乳酸发酵，因此在筛选乳酸菌或进行乳酸发酵时，应保证厌氧条件。

【实验目的和要求】

1. 了解乳酸发酵的条件、产物和作用的微生物；
2. 学习乳酸发酵和制作乳酸菌饮料的方法；
3. 了解乳酸菌的生长特性。

【实验器材】

1. 菌种

嗜热链球菌(*Streptococcus thermophilus*)、保加利亚乳杆菌(*Lactobacillus bulgaricus*)，乳酸菌种也可以从市场销售的各种新鲜酸乳或酸乳饮料中分离。

2. 培养基

BCG 牛乳培养基、乳酸菌培养基。

3. 材料

脱脂乳粉或全脂乳粉、鲜牛奶、蔗糖、碳酸钙等。

4. 器材

恒温水浴锅、酸度计、高压蒸汽灭菌锅、超净工作台、培养箱、酸乳瓶(200~280ml)、培养皿、试管、三角瓶等。

【实验方法与步骤】

1. 乳酸菌的分离纯化

(1) 分离

取市售新鲜发酵型酸奶或酸乳饮料，在 BCG 牛乳培养基琼脂平板上，采用稀释平板法或平板划线法进行微生物分离，平板置 40℃培养 48h，如出现圆形稍扁平的黄色菌落及其周围培养基变为黄色者，初步定为乳酸菌。

(2) 鉴别

选取乳酸菌典型菌落转至脱脂乳试管中，40℃培养 8~24h，若牛乳出现凝固，无气泡，呈酸性，涂片镜检细胞为杆状或链球状(两种形状的菌种均分别选入)，革兰氏染色呈阳性，则可将其连续传代 4~6 次，最终选择在 3~6h 能凝固的牛乳管，作菌种待用。

2. 乳酸发酵及检测

(1) 发酵

在无菌操作下将分离的 1 株乳酸菌接种于装有 300ml 乳酸菌培养液的 500ml 三角瓶中，40~42℃静置培养。

(2) 检测

为了便于测定乳酸发酵情况，实验分两组。一组在接种培养后，每 6~8h 取样分析，测定 pH。另一组在接种培养 24h 后每瓶加入 $CaCO_3$ 3g(以防止发酵液过酸使菌种死亡)，每 6~8h 取样，测定乳酸含量，记录测定结果。

3. 乳酸菌饮料的制作

(1) 将脱脂乳和水以 1：(7~10)(*w*/*w*)的比例，同时加入 5%~6%蔗糖，充分混合，于 80~85℃灭菌 5~10min，然后冷却至 35~40℃，作为制作饮料的培养基质。

(2) 将纯种嗜热链球菌、保加利亚乳杆菌或两种菌的等量混合菌液作为发酵剂，均以 2%~5%的接种量分别接入以上培养基质即饮料发酵液中，亦可以市售鲜酸乳为发酵剂。接种后摇匀，分装到已灭菌的酸乳瓶中，每一种菌的饮料发酵液重复分装 3~5 瓶，随后将瓶盖拧紧密封。

(3) 把接种后的酸乳瓶置于 40~42℃恒温箱中培养 3~4h。培养时注意观察，在出现凝乳后停止培养。然后转入 4~5℃的低温下冷藏 24h 以上。经此后熟阶段，酸乳酸度适中(pH 4~4.5)，凝块均匀致密，无乳清析出，无气泡，获得较好的口感和特有风味。

(4) 以品尝为标准评定酸乳质量。将乳酸球菌和乳杆菌等量混合发酵的酸乳与单菌株发酵的酸乳相比较，前者的香味和口感更佳。品尝时若出现异味，表明酸乳污染了杂菌。酸乳的检查指标：①感观指标，酸乳凝块均匀细腻，色泽均匀无气泡，有乳酸特有的悦味；②合格的理化指标，如脂肪≥3%、乳总干物质≥11.5%、蔗糖≥5.00%、酸度 70~110T°、Hg < 0.01×10^{-6}mg/ml 等；③无致病菌，大肠菌群≤40 个/100ml。

【结果与分析】

1. 乳酸菌的分离纯化。从市售的酸乳中分离出几种乳酸菌，画出它们的镜检形态图，结合查阅资料初步判断是何种乳酸菌？

2. 记录乳酸发酵过程、检测结果，同时进行结果分析。

3. 将发酵的酸乳品评结果记录在表 52-1 中。

表 52-1　乳酸菌单菌及混合菌发酵的酸乳品评结果

乳酸菌类	品评项目					结论
	凝乳情况	口感	香味	异味	pH	
球菌						
杆菌						
球菌杆菌混合(1：1)						

【注意事项】

1. 采用 BCG 牛乳培养基琼脂平板筛选乳酸菌时，注意挑取典型特征的黄色菌落，结合镜检观察，有利于高效分离筛选乳酸菌。

2. 制作乳酸菌饮料，应选用优良的乳酸菌，采用乳酸链球菌与乳杆菌等量混合发酵，使其具有独特风味和良好口感。

3. 牛乳的消毒应掌握适宜温度和时间，防止长时间采用过高温度消毒而破坏酸乳风味。

4. 作为卫生合格标准还应按卫生部规定进行检测，如大肠菌群检测等。经品尝和检验，合格的酸乳应在 4℃条件下冷藏，可保存 6~7 天。

【思考题】

1. 常见乳酸菌有几种？它们的发酵机制分别是什么？

2. 发酵酸乳为什么能引起凝乳？

3. 采用乳酸菌混合发酵的酸乳为什么比单菌发酵的酸乳口感和风味更佳？

实验 53 乙醇发酵及糯米甜酒的酿制

【实验原理】

在无氧的培养条件下微生物(如酵母菌)利用已糖发酵为乙醇和二氧化碳的作用，称为乙醇发酵，它的总反应式为：$C_6H_{12}O_6 \longrightarrow 2C_2H_5OH + 2CO_2$ 。乙醇发酵是生产乙醇和各种酒类的基础，通过测定发酵过程中产生二氧化碳的量和最终产生乙醇的量可知微生物的发酵能力。

糯米甜酒是将糯米经过蒸煮糊化后，接种酒药(又称酒曲)。酒药中含有大量的微生物，其中有霉菌、酵母菌和细菌。利用酒药中的酵母菌和根霉等微生物，将糊化后的淀粉糖化，将蛋白质水解成氨基酸。由于酒药中的酵母菌含量较少，实践中既可以直接利用酒药进行发酵，也可以接种干酵母菌进行发酵，通过酵母菌的糖酵解途径将糖转化成乙醇等产物而获得甜酒。随着发酵时间的延长，甜酒中的糖分含量下降，而乙醇含量不断提高。适时结束发酵，可保留酒中风味物质和营养成分，获得口感良好的甜酒。

【实验目的和要求】

1. 了解乙醇发酵的基本原理；

2. 学习糯米甜酒的一般制作技术。

【实验器材】

“蜜蜂牌”甜酒药、安琪活性干酵母、糯米、白砂糖、纯净水、电蒸锅、电磁灶、电热恒温培养箱、纱布、牛皮纸、不锈钢盆、陶瓷酒坛。

【实验方法与步骤】

1. 选择米色正常、颗粒饱满、大小一致、不含杂质、气味良好的当年产优质糯米为主要原料。

2. 将选择好的优质糯米置于不锈钢盆中反复淘洗，直至淘洗到淋出之水不带白浊为止。

3. 将淘洗干净的糯米注入清水，以水浸过糯米为宜， 浸泡 6~8h 至可以用手碾碎即可。

4. 将浸泡后的米捞出，放在预先铺好纱布的蒸锅上，蒸饭，当饭达到“外硬内软、内无白心、疏松不糊、透而不烂、均匀一致”的情况时结束蒸饭。

5. 将蒸熟的米饭用凉开水或冷却的纯净水冲淋，使其降温到 35℃左右，同时使饭粒松散。

6. 将适量的酒药碾成粉状，根据糯米的量按比例均匀地拌入冷却的饭内，一般来说“蜜蜂牌”甜酒药每小包可接种 3.0kg 糯米。

7. 在陶瓷酒坛中，将已拌入酒药的米饭搭成“倒喇叭”形的凹圆窝，酒坛的表面蒙上 6 层纱布，放入预先调整好的 30℃恒温箱内，保温 24~36h，肉眼可见米饭表面有白色绒状物，结束培养。

8. 用纯净水加少量蔗糖，放入 30℃恒温箱中预保温，根据米饭的量称取干酵母，加入糖水培养，至起泡时结束。

9. 将上一步获得的糖水加到发酵好的米饭中，此时用准备好的棉塞封口，用牛皮纸扎紧封口，置于室温下(不超过 20℃)进行发酵，时间为 3~5 天。

10. 将发酵好的甜酒用纱布过滤得到原酒，剩余的醪糟可以加少量的纯净水进行浸提，合并两次所得的原液，以提高甜酒的得率。

【结果与分析】

1. 观察并记录米饭发酵过程中的变化。

2. 发酵完成后，嗅闻是否有乙醇气味；或取少许发酵液于试管中，滴加 1% $K_2Cr_2O_7$ 溶液，如管中由橙色变为黄绿色，则证明有乙醇生成。

【注意事项】

1. 糯米的浸泡要充分，这样隔水蒸煮时容易熟透，保证米粒饱满便于散开，从而有利于空气流动和液体流动，提高糖化率。但是切记不要浸泡过度，否则米饭蒸出软烂，不易拌均匀，糖化效果仍然不佳。

2. 米饭接种酒药后保温时间不要超过 3 天，否则表面会产生许多黑色的孢子囊，这是根霉成熟的正常现象，但会影响甜酒的口感。

3. 接种酵母菌的目的是加速乙醇的生成，因此培养时间过长则乙醇生成较多，可溶性糖含量下降，酒的甜度自然也就下降，失去了甜酒的口感。

【思考题】

1. 甜酒发酵中，是否必须使用干酵母？如不使用，则如何调整发酵方案？
2. 哪些措施可以提高甜酒的出酒率？如何降低酒的酸度，提高甜酒的香气？

实验 54　抗生素效价的测定

【实验原理】

某些微生物在代谢过程中所产生的次级代谢产物或其人工衍生物能在低浓度的情况下抑制或杀死某些微生物，这类物质称为抗生素。抗生素的活力称为效价，它的计量一般用“单位”(unit)表示。测定抗生素的效价有物理、化学和生物学方法。生物学方法是利用抗生素对特定的敏感微生物有抗菌活性的特点，而计算出抗生素样品的效价。抗生素效价的生物测定有稀释法、比浊法、扩散法三大类。管碟法是扩散法中的一种，该方法是利用抗生素在琼脂培养基中的扩散渗透作用，将已知浓度的标准溶液与未知浓度的样品溶液在含有敏感试验菌的琼脂表面进行扩散渗透，比较两者对供试菌的抑菌作用，求出抑菌圈的大小，以测定抗生素的浓度。根据扩散定律的推导，抗生素总量的对数值与抑菌圈直径的平方呈线性关系。根据待测品的抑菌圈大小可以由标准曲线求出待测品抗生素的效价。管碟法由于灵敏度较高，不需特殊设备，已成为国际通用的方法，被各国药典广泛采用，作为法定的抗生素生物测定方法。

【实验目的和要求】

1. 了解管碟法测定抗生素效价的原理；
2. 掌握管碟法测定抗生素效价的技术和计算方法。

【实验器材】

1. 菌种

金黄色葡萄球菌(*Staphylococcus aureus*)、产黄青霉(*Penicillium chrysogenum*)。

2. 培养基

牛肉膏蛋白胨培养基。

3. 试剂和药品

氨苄青霉素钠盐标准品，1667U/mg(1U 即 1 国际单位，等于 0.6μg)，产黄青霉发酵而成的青霉素发酵液滤液；1%磷酸缓冲液(pH 6)、0.85%NaCl 溶液、50%葡萄糖液等。

4. 器材

培养皿、牛津杯[内径：(6.0±0.1)mm，外径：(7.8±0.1)mm，高度：(10.0±0.1)mm]、容量瓶、玻璃板、水平仪、游标卡尺等。

【实验方法与步骤】

1. 敏感试验菌菌悬液制备

将金黄色葡萄球菌在斜面培养基上活化 1~2 代，用 0.85%NaCl 溶液将斜面菌体刮下，然后离心洗涤 1~2 次，并稀释到一定浓度(约 10^9 个细胞/ml)。

2. 标准曲线的制作

(1) 配制青霉素标准溶液

用 1%磷酸缓冲(pH 6)液配制青霉素的工作液，工作液的浓度为 10U/ml，按表 54-1 配制不同浓度的青霉素标准液。

表 54-1　青霉素标准液的配制

试管编号	10U/ml 工作液/ml	pH 6 磷酸缓冲液/ml	青霉素含量/(U/ml)
1	0.4	9.6	0.4
2	0.6	9.4	0.6
3	0.8	9.2	0.8
4	1.0	9.0	1.0
5	1.2	8.8	1.2
6	1.4	8.6	1.4

(2) 标准曲线的测绘

1) 取 18 副无菌培养皿，分别加入约 20ml 牛肉膏蛋白胨培养基后，置水平玻璃板上凝固，作为底层。

2) 另取冷却至 50℃左右的 100ml 牛肉膏蛋白胨培养基，加入 50%葡萄糖 1ml 和金黄色葡萄球菌菌悬液 1ml，迅速摇匀后，用 10ml 无菌吸管取 6ml 混菌培养基倒在底层平板上，作为菌层，并置于水平玻璃板上凝固。

3) 取上述制备好的双层平板 15 个，每副培养皿中 6 个牛津杯间隔的 3 杯中各装 4 号标准品稀释液 0.2ml，将每 3 个双碟组成一组，共分 5 组。在第一组 3 个双碟的空杯中各装入 1 号标准品稀释液 0.2ml；第二组的空杯中各装入 2 号标准品稀释液 0.2ml，依次将 5 种浓度的标准品稀释液装毕，如图 54-1 所示。

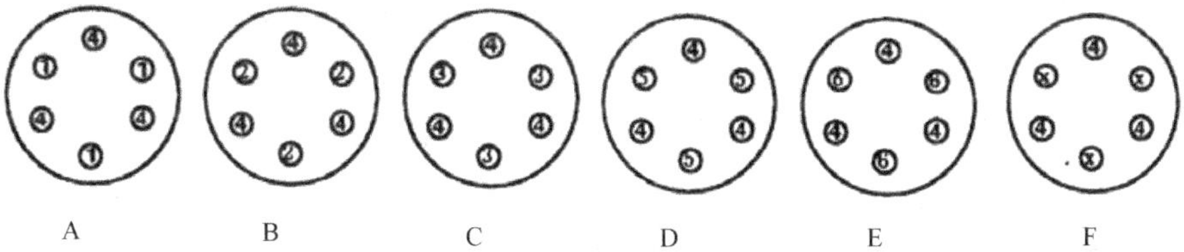

图 54-1　抗生素效价测定牛津杯摆放模式图

A~E. 不同浓度标准品牛津杯摆法；F. 待测样品(x)牛津杯的摆法

4) 盖上培养皿盖，将培养皿平稳送入恒温箱，37℃下培养 18~24h。

5) 取出平板，移去牛津杯，用游标卡尺测量抑菌圈直径。

6) 分别求得每组 3 个双层平板中的 4 号标准品抑菌圈直径与其他各种浓度标准品抑菌圈直径的平均值，再求出 5 组中 4 号标准品的抑菌圈直径总平均值，总平均值与各组中 4 号标准品的抑菌圈直径平均值的差数，即各组的校正数，根据各组校正数将 5 种浓度标准品的抑菌圈平均值校正。以抑菌圈直径为横坐标，以青霉素浓度(对数值)为纵坐标，在半对数坐标纸上描点作图，得青霉素的标准曲线。

(3) 待测品的测定

取上述双层平板 3 副，按图 54-1F 放置牛津杯，并加入 4 号标准品液和待测样品液(以 pH 6 磷酸缓冲液对青霉素发酵液进行适当稀释)。与制作标准曲线的平板同时进行。用本组 3 个平板中 4 号标准液的抑菌圈直径对待测样品抑菌圈直径进行校正。用校正后的值在标准曲线上查出对应的青霉素浓度，并乘以稀释的倍数即得出待检发酵液中青霉素的效价。

【结果与分析】

1. 测量出不同浓度青霉素的抑菌圈直径，校正后，绘出标准曲线，评价标准曲线的可信度。

2. 测量出待测样品的抑菌圈直径，并查出相应的浓度。

【注意事项】

1. 制作双层平板时，要保证所制作平板的一致性和平板的水平性，倒好的平板应放在调好的水平玻璃板上凝固。

2. 一定要做好不同平板抑菌圈直径的校正，保证数据的可靠性。

3. 对未知效价的样品，多做几个稀释度，于标准曲线的位点最好在中间区域为好。

【思考题】

1. 什么叫抗生素？它对微生物的作用机制有几种？举例说明。

2. 抗生素效价测定中，为什么常用管碟法测定？如何保证测量过程的准确性？

3. 查阅相关文献，是否还有其他的抗生素测定方法？它们的原理是什么？

实验 55　抗生素体外抑菌活性的测定——抗菌谱实验

【实验原理】

从自然界分离获得的菌株，或抗生菌产生的代谢产物(抗生素)是否有实用价值，必须经过一系列的筛选和测定工作才能确定。在琼脂培养基平板上测定这些菌株(或抗生素)的抗菌活性是常用的方法。一般而言，筛选抗生菌或其产生的抗生素可以直接用某些病原菌作为筛选模型，利用生物之间的拮抗反应加以检测。在具有拮抗反应的抗生菌(或抗生素)周围，往往出现明显的抑菌圈，根据抑菌圈的有无和大小可以判断该菌株或其产生的抗生素活性的强弱。一般选取抑菌圈大、透明而且边缘整齐的菌株做进一步的筛选。

虽然微生物之间的拮抗作用在自然界普遍发生，但任何一个微生物菌株不能拮抗所有的微生物，即一种微生物对其他微生物的抗生反应是有选择性的，不同抗生素的抗菌范围(抗菌谱)也是不同的。一种抗生素只对少数几种细菌、霉菌或病毒具有拮抗作用，依据抗生素对病原菌的拮抗范围，将抗生素分为窄谱抗生素和广谱抗生素。因此，了解抗生素对病原菌的作用范围，在实践中具有十分重要的意义。

本实验应用滤纸条和滤纸片测定抗生素的抗菌谱。滤纸条或滤纸片中所含的抗生素渗透进入培养基，产生对微生物生长的抑制作用。因此经培养后，通过观察、比较滤纸条和滤纸片与微生物菌落之间的拮抗线或抑菌圈，即可判断抗生素对不同类型微生物的影响，初步判断其抗菌谱。

【实验目的和要求】

1. 了解微生物之间相互作用的原理；
2. 学习抗菌谱测定的基本原理和方法。

【实验器材】

1. 菌种

大肠杆菌、金黄色葡萄球菌、枯草芽孢杆菌、酿酒酵母、白假丝酵母、黑根霉、米曲霉、柑橘绿霉等。

2. 培养基

牛肉膏蛋白胨琼脂培养基、马铃薯蔗糖琼脂培养基。

3. 试剂

氨苄青霉素(80 万单位/ml)、制霉菌素(0.1mg/ml)。

4. 仪器及其他用具

无菌培养皿、无菌滤纸条、无菌滤纸片、镊子、接种环、接种针、玻璃涂布棒、内径为 4mm 的打孔器、恒温培养箱等。

【实验方法与步骤】

1. 待测菌株的培养。将以上菌种经活化后接种于合适的斜面培养基上，经培养备用。

2. 滤纸条和滤纸片的准备。将滤纸剪成形状规则的小纸条；用打孔器打出内径为 4mm 的圆形小滤纸片，干热灭菌。

3. 倒平板。将牛肉膏蛋白胨琼脂培养基熔化后，冷却至 45℃左右倒平板。

4. 在无菌操作条件下，取 3 片滤纸条浸泡在 80 万单位/ml 的氨苄青霉素溶液中，充分湿润后，在容器内壁滤去多余的溶液，将滤纸条放在牛肉膏蛋白胨琼脂培养基平板的一端。另取 3 片滤纸条浸泡在蒸馏水中作为对照，方法同前。

5. 沿滤纸条边缘用接种环分别垂直向外划线接入大肠杆菌、金黄色葡萄球菌和枯草芽孢杆菌。

6. 将接种好的培养皿倒置于 37℃恒温培养箱保湿培养 24~36h，取出观察并记录细菌的生长状况。

7. 测定抗真菌抗生素的抗菌谱，先将斜面培养的酿酒酵母、白假丝酵母、黑根霉、米曲霉和柑橘绿霉加入 5ml 无菌水，用接种环轻刮菌落表面，洗下孢子或细胞，配成约 3000 个细胞/ml 的孢子悬浮液。

8. 用无菌吸管吸取 0.5ml 的孢子悬浮液放入 PDA 平板的中央，用无菌玻璃涂布棒均匀涂布于整个表面，每种菌一副培养皿。

9. 在无菌操作条件下，取 15 片圆形滤纸片浸泡在浓度为 0.1mg/ml 的制霉菌素溶液中，充分湿润后，在容器内壁滤去多余的溶液，将滤纸片放在含有以上真菌孢子(或细胞)的 PDA 平板上，每一种真菌的平板放置 3 个滤纸片。另取 3 片滤纸片浸泡在蒸馏水中作为对照，方法同前。

10. 将接种好的平板倒置于 28℃恒温箱内培养 5~7 天，取出观察并记录真菌的生长情况。

【结果与分析】

1. 绘图表示并说明氨苄青霉素对细菌的抑菌效果。

2. 将制霉菌素对各种真菌的抑菌效果填入下表中。

试验菌株	抑菌圈直径/mm

【注意事项】

1. 滤纸条和滤纸片在抗生素溶液中浸润后，需清除多余的药液，或在灭菌的培养皿中放置片刻。

2. 贴滤纸条和滤纸片时不要在培养基表面拖动，避免抗生素溶液在培养基中扩散不均匀。

3. 划线移接病原菌时，注意接种环不要接触滤纸条，避免将滤纸条上的药液与菌种混合。

【思考题】

1. 从实验结果可知，一种抗生素可能对某一种或几种病原菌抑制效果良好，但对另一些病原菌则效果不好，甚至无效，为什么？分析其原因。

2. 如果隔一段时间后，抑菌带内(或抑菌圈内)又有病原菌菌落的生长，如何解释这种现象？依据抗菌谱实验结果，说明滥用抗生素会造成什么后果？如何解决这个问题？

实验 56 苏云金芽孢杆菌的发酵生产

【实验原理】

苏云金芽孢杆菌(*Bacillus thuringiensis*)制剂(Bt 制剂)是目前世界上产量最大、应用最广的生物杀虫剂。它对鳞翅目、双翅目、鞘翅目、螨类等许多有害昆虫有毒杀作用，而对人类、动物和农作物无害。Bt 在形成芽孢的同时，会在芽孢旁形成一颗菱形、方形或不规则形的碱溶性蛋白晶体，称为伴孢晶体(即 δ 内毒素)。Bt 杀虫机制是通过δ内毒素胃毒作用使敏感昆虫患毒血症；同时 Bt 还可以由消化道侵入敏感昆虫体腔内，通过大量繁殖而引起昆虫败血症。

【实验目的和要求】

1. 了解苏云金芽孢杆菌形态特征与杀菌原理；
2. 掌握苏云金芽孢杆菌发酵生产的基本流程与操作方法。

【实验器材】

1. 菌种

苏云金芽孢杆菌。

2. 培养基

(1) 斜面培养基：牛肉膏蛋白胨培养基。

(2) 种子培养基：牛肉膏蛋白胨培养基。

(3) 发酵培养基(%)：豆饼粉 3.8、玉米粉 2.5、鱼粉 10、蛋白胨 0.2、KH_2PO_4 0.9、$MgSO_4 \cdot 7H_2O$ 0.075、$CaCO_3$ 0.5，初始 pH 7.5~7.7。

3. 染色液

番红染液、MBB 染色液、香柏油、二甲苯等。

4. 器材

接种针、三角瓶、摇床、显微镜等。

【实验方法与步骤】

1. Bt 液体种子的制备

(1) Bt 菌种的活化：将保存在冰箱中的 Bt 斜面，通过接种环，接入新鲜的斜面，活化 1~2 代，培养温度 34℃，恒温培养 24h。

(2) 从活化斜面接一满环菌种至种子培养三角瓶(250ml，装量 30ml 种子培养基)，200r/min，30℃摇床培养 16h。

2. Bt 液体发酵培养

将培养好的 Bt 液体种子液以 10%接种量接入发酵培养三角瓶(250ml，装量

30ml 发酵培养基)，200r/min，30℃摇床培养 40h(肉眼观察发酵混浊，明显形成芽孢，镜检芽孢成熟，有 20%孢子和晶体脱落)。

3. Bt 液体发酵过程镜检观察

(1) 发酵过程中定时无菌取样(可以根据实验安排，每 4h 取样一次)，制成涂片，进行番红单染，油镜观察发酵过程中菌体的形态变化、菌量变化、芽孢生成时间与芽孢数量的变化。

(2) 当观察到芽孢出现后，涂片进行 MBB 染色，涂片染色 5~6min 后，用蒸馏水洗去多余的染色剂，再滴加番红染液复染 30s，水洗，待干后镜检观察，判断是否有晶体产生。细菌晶体呈深天蓝色，芽孢无色，菌体呈复染的浅红色。

【结果与分析】

1. 绘出苏云金芽孢杆菌的菌体、芽孢和晶体的形态图？

2. 记录 Bt 发酵过程中，菌体形态变化、菌量变化、芽孢生成时间、芽孢数量变化、伴孢晶体产生时间及数量变化，分析 Bt 发酵的进程。

【注意事项】

MBB 染色时，由于 MBB 染色剂中含有 $HgCl_2$ 及乙醇，所以制片过程不要加热固定，固定及染色两步骤可一步完成；同时由于染液中含有 $HgCl_2$，操作时应小心。

【思考题】

1. 查阅文献了解 Bt 的相关知识。

2. 请写出 Bt 发酵过程基本流程及发酵培养注意点。

实验 57　食用菌的分离和培养

【实验原理】

食用菌(edible fungi)广义上指一切可以被人类食用的真菌，狭义上指具有肉质或胶质子实体的真菌，俗称蘑菇。常见的食用菌有香菇、平菇、草菇、双孢蘑菇、木耳、银耳等。食用菌中 95%为担子菌、5%为子囊菌。食用菌营养丰富、味道鲜美，具有较高的食药用价值，是目前国际公认的健康食品。全世界已知的食用菌有 2000 余种，我国有 900 多种，约 70 种可以人工栽培，有 20 种可以大规模商业生产，其中香菇、平菇、黑木耳、草菇、金针菇、银耳等是常规栽培的食用菌。

人们采取无菌操作的方法，把某种食用菌从混杂的微生物中单独分离开来，这个过程称为菌种分离。从分离过程中得到的菌丝体纯化后，就是纯菌种。在实验室条件下，通过人工方法使纯菌种大量生长和繁殖的方法称为培养。

为了使食用菌达到高产、优质、抗逆性强、适应性强及满足某些特殊生产需求的育种目的，必须对食用菌菌种进行纯种分离。分离纯化的纯培养即母种，而母种的培育是食用菌制种和生产的关键，直接影响了食用菌栽培的成败和产量的高低。母种可以由孢子萌发而成，也可从子实体组织分离或用斜面菌种的菌丝体一节扩增而成，因此母种分离方法相应地可以分为组织分离法、孢子分离法和基内菌丝分离法。从母种扩大培养的菌丝体称为原种，从原种扩大培养直接用于生产播种的菌丝体称为栽培种。各级菌种都有其适合的培养条件，如温度、光照、水分等。

【实验目的和要求】

1. 掌握食用菌母种组织分离法和孢子分离法的操作技术及应用；
2. 了解食用菌母种的基内菌丝分离方法。

【实验器材】

1. 菌种

平菇、香菇、黑木耳等。

2. 培养基

PDA 培养基。

3. 溶液

75%乙醇、0.25%的新洁尔灭、0.1%升汞液、0.1%高锰酸钾等。

4. 仪器和其他用具

孢子收集器、钟罩、玻璃大器皿、培养皿、三角瓶、搪瓷盘、接种铲、接种针、镊子、小刀、铁丝支架、恒温培养箱等。

【实验方法与步骤】

1. 母种的分离与培养

(1) *组织分离法*

组织分离法是将食用菌的幼嫩组织直接分离培养成纯菌种的方法。具体操作过程如下：选用的子实体先经 75%乙醇或 0.25%新洁尔灭表面消毒后，用无菌水冲洗并用无菌纱布擦去表面水分。分离平菇、香菇时用无菌解剖刀自菌柄处切开少许，再用手将子实体掰开为二，在菌盖与菌褶交界处，切取 0.3~0.4cm^3 的一小块菌肉，移放在 PDA 斜面培养基中央。如已开伞的种菇，则选菌盖与菌柄交界处的菌肉；如种菇已受雨淋，吸水较多，应取菌褶作为接种材料。组织分离后将试管放在 26℃左右的恒温箱中培养 3~5 天。待组织块周围萌发出菌丝，并向培养基蔓延生长后，再挑取生长健壮的菌丝进行转管培养，或再移种培养数次后，即得母种。组织分离法操作简便，又不易带入杂菌，容易获得纯菌种。但对黑木耳等胶质菌，因其子实体中菌丝的含量极少，如用组织分离培养，则往往不易成功。

(2) *孢子分离法*

1) 孢子弹射分离法

此法利用孢子能自动弹射出子实体的特性来收集孢子。用作分离菌种的种菇，应选择出菇早、朵型好、个体肥大、生长健壮、无病虫害、八成熟的菇体。一进入出菇期，就要注意观察选择，并做好标记。不同的食用菌选择有具体的要求。香菇要求菇型圆整、菇体肥大、柄细而短、菌盖呈深褐色、出菇早、无病虫害，一般为八成熟的子实体；平菇要求出菇早、菌盖厚实、重叠丛生、菌柄粗短、色泽鲜亮、尚未散发孢子、八成熟而无病虫害的子实体；木耳要求选朵大、耳片厚、色黑、生长健壮、褶皱多、无病虫害的春耳。孢子的收集有以下几种不同的方法。

整菇插种法：需用一套孢子收集器来收集孢子，将钟罩上的孔加上棉塞或包上 6~8 层纱布，放在垫有 4~6 层纱布(浸过 0.1%升汞液)的搪瓷盘上，纱布上放一培养器，内放一个不锈钢铁丝支架。把收集器包装好，灭菌备用。将菌幕未破裂的成熟子实体洗干净，用 0.1%升汞溶液或 0.25%的新洁尔灭浸泡 2~3min，以杀死表面的杂菌。对于菌幕破裂、子实层已外露的子实体或无菌幕包裹的子实体，可用棉花蘸 75%乙醇涂擦子实体表面消毒。按无菌操作要求移入孢子收集器，插在支架上，在适宜的温度中培养。2~3 天后孢子散落在培养皿中，加入无菌水，用针筒吸取孢子液，接种在 PDA 斜面培养基中央，置于 22~26℃恒温箱中培养即可得母种(图 57-1)。

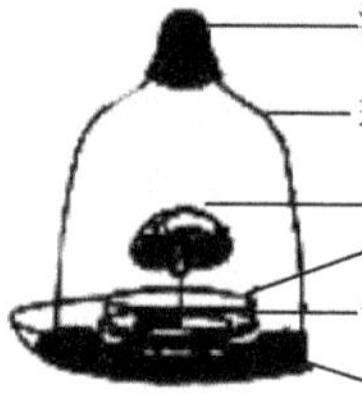

图 57-1　整菇插种法

钩悬法：在生产上，采集木耳、银耳孢子常用此法，伞菌也可采用此法。先将新鲜成熟的耳片用无菌水冲洗，然后用无菌纱布将水吸干，取一小片挂在灭菌的钩子上(伞菌则消毒后挂上)，钩子的另一端挂在三角瓶口，瓶内装有 PDA 培养基，在 25℃下培养 24h。孢子落到培养基上后，取出耳片，塞上棉塞继续培养，然后再转入试管中培养(图 57-2)。

贴附法：取一小块成熟的菌褶或小块菌盖，用熔化的琼脂或胶水、糨糊(需先灭菌)贴附在 PDA 试管斜面的上方或培养皿皿盖上，经 6~12h，待孢子落下后，立即将试管或培养皿中的培养基移到另一消过毒的空试管或培养皿中进行培养(图 57-3)。

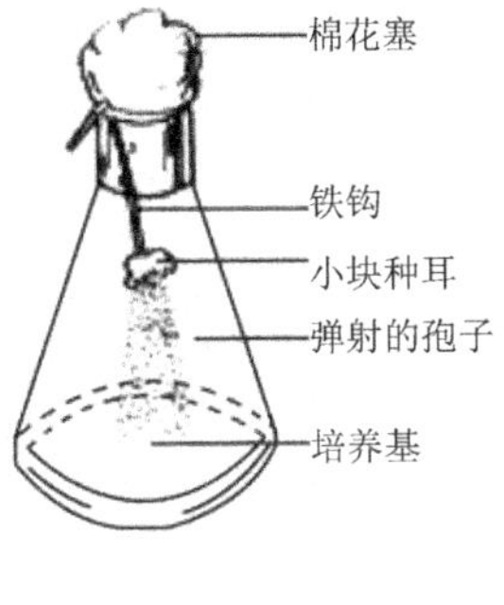

图 57-2　钩悬法

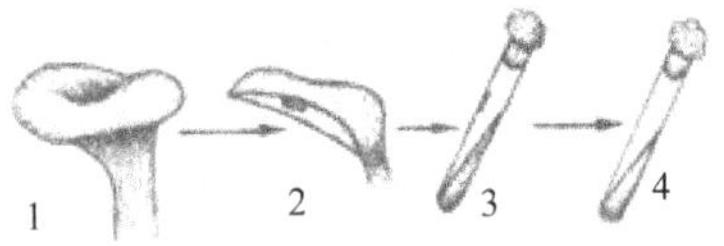

图 57-3　贴附法

1. 种菇；2. 切取菌褶；3. 贴附菌褶；4. 取出菌褶保温

空中孢子捕捉法：平菇、香菇、凤尾菇等伞菌子实体成熟后，大量的孢子会自动弹射出来，在子实体周围有肉眼可见烟雾状的“孢子云”，此时迅速将事先制备好的培养基平板或试管口面迎“孢子云”方向，使孢子附着在培养基表面，随即盖上皿盖或加棉塞即可。

2) 菌褶上涂抹法

将伞菌子实体用 75%乙醇表面消毒，按无菌操作用接种环直接将其插入两片菌褶之间，轻轻地抹过褶片表面，然后用划线法涂抹于试管培养基上。此法在野外采种时尤为方便，但仍要无菌操作，且动作要准确、敏捷。

3) 孢子印分离法

取成熟子实体经表面消毒后，切去菌柄，悬挂于铁丝上，盖上钟罩。菌褶向下置于灭过菌的有色纸上，在 20~24℃静置一天，大量孢子落下形成孢子印，然后移少量孢子在 PDA 三角瓶溶液中制备成菌悬液，后经涂布、纯化，在 PDA 试管培养基上培养、保存(图 57-4)。

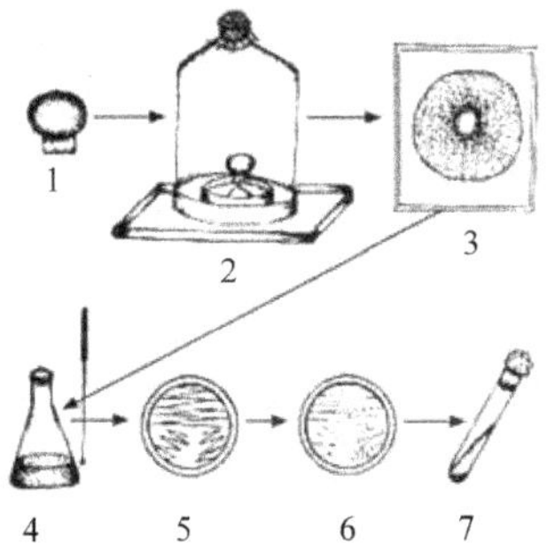

图 57-4　孢子印分离法

(3) 基内菌丝分离法

此法是利用食用菌生长的基质——菇木和耳木作为分离材料而培养纯菌种的方法。特别是黑木耳、银耳培养采用这种方法成功率高，性状也较稳定，为生产上经常采用的方法。

分离时如为黑木耳的耳木，先从长有子实体的部位，锯取 1~2cm 厚的木片，剔除树皮及耳基，再用 0.1%升汞或 75%乙醇涂擦木片表面消毒，通过耳基着生处，把耳木纵切为二，用无菌刀在耳基着生处，削取极小的木屑，移入试管 PDA 斜面培养基上。接种后放在 22~28℃的温度下培养，2~3 天后接种块的周围开始长出纤细的白色菌丝。选生长健壮、清晰、两端扩展整齐的菌丝体转管纯化 2~3 次培育成母种。在培养过程中，有时培养基背面会出现乳白色或淡褐色，这是正常现象。

2. 原种和栽培种的培养

由母种扩大繁殖到玻璃瓶内或塑料袋内的通称原种；由原种再扩大繁殖，应用于生产的叫栽培种。其制作过程如下。

(1) 接种前的准备工作

接种操作一般应在经消毒的无菌条件下进行。先做接种箱消毒，然后将灭过菌的菌种料、瓶及接菌种用的接种用具，用 0.1%高锰酸钾溶液揩拭表面，放入接种箱(室)内，用 0.25%新洁尔灭药液在接种箱(室)内各处喷雾，再进行消毒灭菌。目前最常用的灭菌方法有甲醛熏蒸和紫外线照射两种。

(2) 接种方法

接种时，先点燃酒精灯，将接种用具、菌种表面、接种人员双手用 75%乙醇擦抹，再将接种针或镊子、菌种棉塞在火焰上灼烧消毒，然后在火焰上将管(瓶)口棉塞轻轻拔出，斜对火焰，就可进行正式接种。接原种时将每支母种斜面用接种针横划成 4~5 段，每瓶(袋)原种培养基接入一段；接栽培种时，每个培养基瓶(袋)内用镊子挟入一小块原种，即每瓶原种一般可接栽培种 40 瓶(袋)左右。

(3) 接种后的培养管理

原种和栽培种的培育过程中应注意以下几点。

1) 培养温度：一般置 22~23℃的温度下培养，30~45 天就可长满瓶(袋)。

2) 培养湿度：室内相对湿度保持在 60%~70%，经常保持室内空气新鲜，以利菌丝的生长。如多雨季节室内空气湿度过大，应在地面上撒些石灰粉，降低湿度，防止病虫杂菌孳生。

3) 菌种瓶(袋)直立放置：因接入的菌种块还未生长固定，如卧倒叠放，菌种块易落到瓶(袋)侧，影响发菌。如生产菌种数量多，应待菌丝已封口伸入料中后，才可横放，以充分利用空间面积。

4) 检查去杂：从第 3 天开始就要经常检查有无杂菌污染，发现有杂菌的要及时处理，一般检查工作持续到菌丝体覆盖整个培养基表面为止。

【结果与分析】

1. 选择一种常见的食用菌进行母种的分离、培养，并做进一步的原种、栽培种的培养。

2. 比较常见食用菌母种分离时的组织部位选择、分离效果和适应场合。

【注意事项】

1. 采用孢子分离，要注意控制培养的温度。因为食用菌孢子的弹射与培养的温度密切相关，一般食用菌孢子弹射的最适温度比菌丝体生长的最适温度低，而与子实体发育的最适温度大致相同。例如，香菇孢子弹射的最适温度为 12~18℃，黑木耳为 20~26℃，平菇为 13~20℃。

2. 为了使栽培者和使用者充分了解菌种情况，以及便于菌种分离者自己分类管理，保存的试管或菌种瓶上应及时贴上标签，注明菌种名称、编号、来源、代数和移接日期。通常用一些明确、统一的符号表示。

【思考题】

1. 市场常见的食用菌有哪些？它们的生产过程有什么不同？

2. 比较不同的常见食用菌母种分离方法，分析其优劣，并提出相应的改进办法。

实验 58　食用菌的固态发酵和栽培

【实验原理】

食用菌的栽培方式多种多样，按照原料性质可分为段木栽培、代料栽培；按照栽培容器可分为瓶栽、袋栽、块栽、床栽、套种畦栽；按照培养料灭菌方式可分为生料栽培、熟料栽培、半熟料栽培、发酵料栽培等。食用菌的固态发酵栽培是指将原料搅拌均匀后，堆积起来，进行发酵处理，等到发酵结束后再进行栽培播种。平菇、双孢蘑菇、鸡腿菇、姬松茸等食用菌均可通过拌料、建堆固态发酵、装袋播种、菌丝培养、出菇管理、采收的方式生产。本实验以平菇为例介绍食用菌的固态发酵和栽培。

【实验目的和要求】

学习一种食用菌的固态发酵和栽培技术，了解其栽培的意义和用途，掌握其具体的生产过程。

【实验器材】

1. 菌种

培养好的平菇原种。

2. 培养料

玉米芯、玉米秸、棉籽壳、花生壳、大豆秸、稻麦草锯末等农产品的下脚料，麦麸、米糠、生石灰、石膏粉等。

3. 药品

0.1%~0.2%多菌灵、5%石灰水、气雾消毒剂、甲醛、敌敌畏等。

4. 设备和其他用具

木棒、草苫子、塑料薄膜、聚丙烯塑料袋、小钉、栽培室等。

【实验方法与步骤】

1. 配料

主料：玉米芯、玉米秸、棉籽壳、花生壳、大豆秸、稻麦草锯末等农产品的下脚料均可作为栽培原料，任选一种或几种混用。用量：85%~90%。

辅料：麦麸 10%~15%(或米糠)、生石灰 1%~3%(气温高多用，气温低少用)、石膏粉 1%、多菌灵 0.1%~0.2%、水 140%~180%。

2. 建堆发酵

将主料与麸皮、石膏、石灰充分拌匀，多菌灵加水溶化后加入。边加水边翻拌，最好人在料上踩踏，以使料尽快吸收水分；加足水后再过 2h 左右，用手握料，指缝有水滴滴下为宜。春季和早秋温度高、气候干燥，加水多些，晚秋和冬季加水少些。

将料堆成宽、高各 1.2~1.5m，长不限的长形料堆。可用直径 10~15cm 木棒在料堆插洞增加透气。堆好后料面先盖草苫子，然后再盖塑料薄膜。一般在堆料后 30~40h，料堆温度即可升到 60℃左右，让其继续发酵，24h 后第一次翻堆。翻堆宜在中午进行，动作要快、轻，原堆上翻下、外翻内，尽量使料受热均匀；按第一次堆形复堆，依次盖好草苫、塑膜。经 8~10h，料温又会升到 60℃，次日中午第二次翻堆；每天一次，共翻 3~4 次。

发酵好的培养料应呈棕褐色、有清香味，不能有酸、臭等异味；有时料表面有白点，但绝不能有长毛或黄绿色霉点。发酵好的培养料摊开晾凉至 30℃以下装袋。

3. 装袋播种

用扁宽 22~26cm 的聚丙烯塑料筒截长 45~52cm，一头扎紧，先放一层菌种、装 10cm 左右料，再放一层菌种、再装料，共装 3 层料，4 层菌种。两端菌种多些，中间两层菌种少些，沿袋壁放；装料时随装随压紧：要做到两头紧、四周紧、中间松。扎口后用小钉在每层菌种处扎 8~10 个小孔通气，然后进栽培室发菌。

4. 菌丝培养(发菌)

栽培室及周围环境要保持清洁，菌袋进场前，用 5%石灰水刷洗墙壁、地面，干燥后用气雾消毒剂(2g/m^2)或甲醛(5~10ml/m^2)加敌敌畏熏蒸灭菌、杀虫。

气温 28℃以上，菌袋单摆；低于 28℃可以横卧叠放，根据气温高低叠放 2~5 个高，发菌 3 天后要注意检查菌袋温度，每天检查 3~5 次，袋表温度最好保持在 28℃以下；一旦超过，就要及时翻堆、打开门窗通风、减少堆放层数。袋内料温高是发菌失败的主要原因，一般 20~35 天，菌丝即可长满全袋，然后转入出菇管理。

5. 出菇

菌丝长满袋后 3~5 天，人为加大栽培室内的昼夜温差，增加栽培室湿度，再过 5~10 天，部分袋的料表面出现密集的黑色小点，这就是平菇原基。此时要加大栽培室的通风换气，保持相对湿度 85%左右，促使原基尽快发齐；及时用刀片在袋头划 2~3 道割口，以利于平菇从割口处长出。随着平菇的不断长大，逐步加大栽培室通气，加大湿度，喷水要少、细、勤；尽量不要把水喷到幼小菇面上。

6. 采收

当平菇子实体菌盖边缘稍平展、顶部中央出现白色绒毛即可采收。若幼菇未成熟就采收，会影响产量；若采收过迟，菌盖长到 13~14cm 时，边缘反卷且会弹出孢子，菇质量差、易碎、体轻、卖相差，影响经济效益。采收时可一手按住料袋，一手抓住菌柄，将整丛菇旋转拧下。

一茬菇采收结束，彻底清除残根，喷一遍营养素，复盖塑料薄膜养菌 5~7 天，现原基后揭开塑膜，正常管理。一般可收 4~6 茬菇。

【结果与分析】

1. 试用简图说明平菇固态发酵和栽培的主要过程。

2. 记录每组平菇栽培袋的产量、质量，分析影响其产量、质量的因素。

【注意事项】

1. 建堆发酵时培养料要轻放，严禁拍砸料面，以免影响料堆通气。

2. 平菇菌蕾的形成需要 8~10℃的温差刺激，平菇出菇前要加大栽培室的温差。

3. 平菇出菇时对光照要求不高，栽培室内能看清报纸的光线即可满足要求。

4. 为了充分利用原料，出二茬菇后脱膜覆土码成菌墙或阳畦出菇，能很好地解决培养料失水与出菇的矛盾，获取更高的经济效益。

【思考题】

1. 平菇固态发酵和栽培的主要过程包括哪些步骤？一个生产周期大概需要多长时间？

2. 平菇固态发酵和栽培影响其产量、质量的主要因素有哪些？

实验 59　脂肪酶产生菌的筛选

【实验原理】

脂肪酶(lipase，EC.3.1.1.3)又称三酰甘油酰基水解酶，可以催化天然底物油脂水解，生成脂肪酸、甘油和甘油单酯或二酯，因而是重要的工业酶制剂，广泛应用于洗涤剂、食品、医药、农业等多个领域。从自然界中分离脂肪酶产生菌通常分为富集、初筛及复筛三个步骤。本实验主要采用罗丹明 B 显色平板初筛和摇瓶发酵检测脂肪酶活性复筛相结合的方法从土壤中分离脂肪酶产生菌。

【实验目的和要求】

1. 学习如何通过富集、初筛、复筛得到脂肪酶产生菌；

2. 了解从土壤中筛选目的微生物的一般流程。

【实验器材】

1. 土样

从不同食堂排水沟等地采集含油的土样。取样时先将表层土刮去 2~3cm，每份取土样 10g 左右，去除小石子、杂草等杂质，并将土样碾碎，注明采样地点及日期备用。

2. 培养基

富集培养基：蛋白胨 1%、酵母膏 0.5%、NaCl 1%、橄榄油乳化液 1%，pH 7.0。

平板初筛培养基：蛋白胨 1%、酵母膏 0.5%、NaCl 1%、橄榄油乳化液 0.1%、0.1 %罗丹明 B 0.3%、琼脂 2%，pH 7.0。

液体种子培养基：LB 培养基。

摇瓶发酵培养基：橄榄油乳化液 2%、酵母膏 0.5%、$(NH_4)_2SO_4$ 0.5%、$MgCl_2 \cdot 6H_2O$ 0.5%，pH 6.5。

3. 主要试剂

(1) 4 % (*w*/*V*)聚乙烯醇(PVA)溶液：称取 4g 聚乙烯醇，放入约 80ml 蒸馏水中，边搅拌边加热使其溶解，冷却后用蒸馏水定容至 100ml，双层纱布过滤，保存备用。

(2) 0.5mol/L Tris-HCl 缓冲液(pH 7.4)。

(3) 橄榄油乳化液：先将 0.5mol/L Tris-HCl 缓冲液稀释成 0.05mol/L，然后按橄榄油：PVA (4%)：Tris-HCl 缓冲液(0.05mol/L)=1：2：3 体积比，分别量取橄榄油 50ml、PVA 100ml、Tris-HCl 缓冲液 150ml，三种溶液混合后，用组织捣碎机高速匀浆，灭菌(121℃，20min)备用。

(4) 0.5mol/L NaOH 溶液。

(5) 0.1%罗丹明 B：无水乙醇配制。

以上试剂均为分析纯，如橄榄油、聚乙烯醇(PVA-1750+50)、乙醇、罗丹明 B、Tris-HCl、NaOH 等。

4. 实验器材

高压灭菌锅、净化工作台、隔水式恒温培养箱、电热鼓风干燥箱、组织捣碎机、离心机、恒温振荡器、pH 计、磁力加热搅拌器、电子天平、移液枪等。

【实验方法与步骤】

1. 富集培养

采集的土样混匀碾碎，称取 5g 放入 45ml 富集培养基中，30℃，200r/min 下振荡培养 3 天。

2. 平板初筛

用无菌水将富集培养液以 10 倍梯度稀释，吸取适宜浓度的菌悬液 0.1ml，滴加于含有橄榄油乳化液及罗丹明 B 的初筛平板上，用涂布棒涂布均匀，30℃培养至菌落长出，产脂肪酶的菌株周围有红色的变色圈。以菌落直径与变色圈直径之比为筛选依据，选择比值大的转接至斜面，37℃培养 1~2 天。

3. 摇瓶复筛

挑取新鲜斜面菌种一环，接入液体种子培养基，30℃，200r/min 培养 12h。以 3%的接种量移入发酵培养基，30℃，200r/min 下振荡培养 40h。发酵液于 10 000r/min、5min 离心后，取上清液测定酶活。

4. 脂肪酶活力测定(NaOH 滴定法)

取 3 个 100ml 三角瓶，分别向空白瓶 A 与样品瓶 B、C 中加入底物溶液 4.0ml 和 Tris-HCl 缓冲液(0.05mol/L) 5.0ml，再向 A 瓶中加入 95%乙醇 15.0ml，置于水浴振荡摇床中预热 5min。往 3 个瓶中各加入待测酶液 1.0ml (由于空白瓶中预先加入了乙醇，待测酶液加入后脂肪酶将立即失活)，立即混匀计时，在预热温度(60℃)下精确反应 10min 后，向样品瓶 B、C 中加入 15ml 95%乙醇终止反应。取出 3 个三角瓶，分别滴加 3~5 滴酚酞作为指示剂，用 0.05mol/L NaOH 标准溶液滴定水解产生的游离脂肪酸，滴定溶液至呈粉红色。

在以上条件下，将分解底物(橄榄油)每分钟释放出 1μmol 游离脂肪酸所需的酶量定义为 1 个脂肪酶活力单位(U)，以 U/ml 表示。

按下式计算酶活：

$$X = (B-A) \times 5 \times n$$

式中，X 为样品的酶活力，单位是 U/ml；B 为滴定样品时消耗 NaOH 标准溶液的体积，单位为 ml；A 为滴定空白对照时消耗 NaOH 标准溶液的体积，单位为 ml；n 为酶液稀释倍数。

【结果与分析】

将筛选到的菌种相关数据填入下表。

菌株号	分类	菌落形态	变色圈 *D*/mm	菌落直径 *d*/mm	*D*/*d*	酶活/(U/ml)
1						
2						
3						
4						
5						
6						

续表

菌株号	分类	菌落形态	变色圈 D/mm	菌落直径 d/mm	D/d	酶活/(U/ml)
7						
8						
9						
10						

【注意事项】

该实验步骤较为烦琐，需配制的试剂也较多，很多试剂需现配现用，如橄榄油乳化液，为取得较好的效果，每次测酶活前均需重新乳化；若只用于平板初筛，便无需再次乳化。

【思考题】

1. 脂肪酶产生菌为什么可以通过菌落周围的变色圈来进行初筛？
2. 你测得的变色圈和菌落直径的比值是否与最终酶活测定相符？为什么？

实验 60　检测几种常见消毒剂的杀菌效果

【实验原理】

常用的化学消毒剂主要有重金属及其盐类、有机溶剂(酚、醇、醛等)、卤族元素及其化合物、染料和表面活性剂等。它们杀菌或抑菌作用原理主要是使菌体蛋白变性，或者与酶的巯基结合而使酶失去活性。重金属离子可致菌体蛋白变性；重金属盐致菌体蛋白沉淀；有机溶剂可使蛋白质及核酸变性，破坏细胞膜的透性；碘可使蛋白质酪氨酸残基不可逆结合而致蛋白质失活；氯气与水发生反应产生的强氧化剂具有杀菌作用；染料在低浓度条件下可抑制细菌生长；表面活性剂会影响微生物细胞膜的透性，同时也使蛋白质变性。

【实验目的和要求】

1. 了解常用化学消毒剂对微生物的作用；
2. 掌握常用消毒剂的浓度和使用方法。

【实验器材】

1. 菌种

大肠杆菌、金黄色葡萄球菌、枯草芽孢杆菌等。

2. 培养基

牛肉膏蛋白胨琼脂培养基。

3. 溶液和试剂

A(2.5%碘酒)、B(0.1%升汞)、C(5%石炭酸)、D(75%乙醇)、E(100%乙醇)、F(1%

来苏尔)、G(0.25%新洁尔灭)、H(0.005%龙胆紫)、CK(无菌生理盐水)(对照)。

4. 器材

培养皿、滤纸片(直径 0.6cm 的无菌圆形滤纸片)、试管、吸管等。

【实验方法与步骤】

1. 配制菌悬液

取培养 18~20h 的大肠杆菌、枯草芽孢杆菌和金黄色葡萄球菌斜面各 1 支，分别加入 4ml 无菌水，用接种环将菌苔轻轻刮下、振荡，制成均匀的菌悬液，菌悬液浓度大约为 10^6 个细胞/ml。

2. 制备含菌平板

首先取 3 个无菌培养皿，每种试验菌一皿，在皿底写明菌名及测试药品名称。然后分别用无菌滴管加 4 滴(或 0.2ml)菌悬液于相应的无菌培养皿中。将熔化并冷却至 45~50℃的牛肉膏蛋白胨培养基倾入皿中 12~15ml，迅速与菌液混匀，冷凝备用。

3. 浸药

将灭菌好的小滤纸片浸入供试的消毒剂中。

4. 化学药剂处理

用无菌镊子夹取分别浸药的滤纸片(注意把药液沥干)，以浸生理盐水的滤纸片作为对照，分别平铺在同一含菌平板上，注意药剂之间勿相互沾染，并在平皿背面做好标记。

5. 培养与观察

将上述贴好滤纸片的含菌平板倒置于 37℃温箱中，培养 24h 后取出，观察抑菌圈的大小。

【结果与分析】

取出培养皿后，观察滤纸片周围是否产生抑菌圈，并测量抑菌圈的大小，将测量结果填入表 60-1，分析各种消毒剂杀菌或抑菌的效果。

表 60-1　常见化学消毒剂对细菌的抑菌效果(抑菌圈的直径)

细菌	消毒剂								
	CK	A	B	C	D	E	F	G	H
大肠杆菌									
金黄色葡萄球菌									
枯草芽孢杆菌									

【注意事项】

滤纸片浸药时间不宜太长，否则容易弄烂滤纸片，不易夹取，使用前一定要把药液沥干。

【思考题】

1. 化学药剂对微生物所形成的抑菌圈未长菌部分是否说明微生物细胞已被杀死？如何证明是抑菌作用还是杀菌作用？

2. 影响抑菌圈大小的因素有哪些？抑菌圈大小是否准确地反映出化学消毒剂抑(杀)菌的能力。

实验 61 乳酸菌筛选及抑菌作用研究

【实验原理】

乳酸菌是一类能发酵糖类物质而产生大量乳酸的细菌。从形态上分类主要有球状和杆状两大类。乳杆菌属的乳杆菌形态各异，一般呈细长的杆状，大多链状排列；乳球菌属的乳酸菌一般呈链状排列。几乎所有的乳酸菌都是革兰氏阳性菌。随着现代医学、微生物学、营养学及市场经济的发展，乳酸菌已广泛地应用于食品工业、农业和医药等行业。其研究热点主要是开发乳酸菌素作为新型的天然食品防腐剂、饲料添加剂和医用药剂等。

乳酸菌素是乳酸菌在代谢过程中合成的具有抑菌活性的多肽或蛋白质复合物，属于天然生物防腐剂，具有安全、无毒副作用和无抗药性等优点。用其取代或者部分取代化学防腐剂是食品防腐剂发展的大势所趋，必将得到更加广泛的应用。

本试验从传统发酵食品(泡菜、榨菜、酸菜)和市售酸奶中进行乳酸菌的分离，再从中筛选出抑菌活性高、抑菌谱较宽的目的菌株。

【实验目的和要求】

1. 学习从传统发酵食品中分离乳酸菌的基本思路和方法；

2. 了解常见菌种的分离、鉴定方法；

3. 掌握微生物抑菌活性试验的方法和基本流程。

【实验器材】

1. 供试材料

传统发酵食品(泡菜、榨菜、酸菜)、市售酸奶均购于当地超市。

2. 指示菌株

大肠杆菌(*Escherichia coli*)、金黄色葡萄球菌(*Staphylococcus aureus*)、枯草芽孢杆菌(*Bacillus subtilis*)、青霉(*Penicillium* sp.)、曲霉(*Aspergillus* sp.)、根霉(*Rhizopus* sp.)、酵母菌等。

3. 培养基

酸化的 MRS 培养基：蛋白胨 10g、牛肉膏 10g、酵母提取物 5g、K_2HPO_4 2g、柠檬酸二铵 2g、乙酸钠 5g、葡萄糖 20g、吐温 80ml、$MgSO_4 \cdot 7H_2O$ 0.588g、

$MnSO_4 \cdot 4H_2O$ 0.25g、蒸馏水 1000ml，pH 6.0~6.2，121℃高压蒸汽灭菌 15min，固体 MRS 平板、试管再加琼脂 20g。

LB 固体培养基：蛋白胨 10g、酵母提取物 5g、NaCl 10g、琼脂 20g、蒸馏水 1000ml，pH 7.0，121℃高压蒸汽灭菌 15min。

PDA 固体培养基：去皮马铃薯 200g、葡萄糖 20g、琼脂 20g、蒸馏水 1000ml，121℃高压蒸汽灭菌 30min。

【实验方法与步骤】

1. 乳酸菌的分离筛选

取各种液体样品(固体样品需按照无菌操作进行剪碎、研磨处理)置于无菌试管中，加入 5ml 的无菌生理盐水稀释，取稀释液 0.2ml 涂布于 MRS 培养基平板上，37℃恒温培养箱培养 48h。挑取菌落特征、显微特征符合乳酸菌特性、革兰氏染色阳性、接触酶阴性的可疑菌落，进行分离、纯化 3~4 次后，再挑取纯化的菌落于 MRS 试管斜面培养基中保存。

2. 乳酸菌的鉴别

(1) 乳酸菌的形态学鉴定：观察生长于 MRS 培养基平板上菌落的形态，并用接种环挑取所分离的菌落进行革兰氏染色，在 100 倍油镜下观察细菌的染色性、形态、大小等。

(2) 乳酸菌的生理生化特性：对所分离得到的乳酸菌进行生理生化特性鉴定，包括接触酶反应、葡萄糖产气试验、甲基红试验、吲哚试验、明胶液化试验、产 H_2S 试验、产氨试验、运动性试验等。

3. 乳酸菌的抑菌作用及具有广谱抗菌效果菌株的筛选

将所分离的乳酸菌接种于液体 MRS 培养基中 37℃摇瓶培养 24h，4000r/min 离心 10min，取上清液，取无菌小滤纸片(直径 6mm)浸泡在上清液中至饱和，自然晾干待用。

分别在 LB 固体培养基上涂布大肠杆菌、金黄色葡萄球菌、枯草芽孢杆菌菌悬液，37℃培养 24h；在 PDA 固体培养基上涂布青霉、曲霉、根霉、酵母菌菌悬液，30℃培养 24~48h。

将以上含乳酸菌发酵液的滤纸片贴附在涂布好的含各菌株的培养基上，细菌 37℃培养 24h，真菌 30℃培养 24~48h。

观察抑菌圈并测量其大小，以直径表示(单位：mm)。

对照实验结果，将抑菌活性高、抑菌谱较宽的乳酸菌再次纯化后，单菌落接种于 MRS 试管斜面培养基中保存。

【结果与分析】

1. 观察所分离乳酸菌的菌落形态，显微形态、大小，革兰氏染色特性等，将结果填入下表。

来源	菌落特征	形态、大小/mm	革兰氏染色反应
泡菜			
榨菜			
酸菜			
酸奶			

2. 记录所分离各乳酸菌菌株的生理生化鉴定结果(阳性用“+”表示；阴性用“−”表示)，并结合其菌落特征、显微特征、革兰氏染色特性，参照《伯杰氏细菌鉴定手册》，初步判断所分离各菌株的所属乳酸菌类型，将结果填入下表。

来源	接触酶反应	葡萄糖产气实验	甲基红实验	吲哚实验	明胶液化实验	H_2S 实验	产氨实验	运动性实验	结果
泡菜									
榨菜									
酸菜									
酸奶									

3. 记录各分离乳酸菌的抑菌圈大小(单位：mm)，判断各乳酸菌对不同类型微生物的抑菌效果，保藏抑菌活性高、抑菌谱较宽的乳酸菌。将结果填入下表。

来源	大肠杆菌	金黄色葡萄球菌	枯草芽孢杆菌	青霉	曲霉	根霉	酵母菌
泡菜							
榨菜							
酸菜							
酸奶							

【注意事项】

1. 从不同材料分离乳酸菌时，可加入一些抑制革兰氏阴性菌和真菌的抗生素(如庆大霉素、制霉菌素等)，提高分离效率。

2. 进行抑菌实验时，取 0.1~0.2ml 各菌株菌悬液涂布于平板，不宜过多或过少，过少则不易涂布开；过多则菌液涂布完后仍会在平板表面流动，不易形成单菌落。放置滤纸片时，应一次到位，不宜在平板内随意拖动，以免影响实验结果。

【思考题】

1. 试述乳酸菌分离和鉴定的基本流程，并分析影响实验结果的主要因素。

2. 比较不同来源分离的乳酸菌类型，并分析其对不同微生物的抑菌作用。

参 考 文 献

蔡信之，黄君红. 2010. 微生物学实验. 北京：科学出版社

陈红霞，李翠华. 2008. 食品微生物学及实验技术. 北京：化学工业出版社

陈燕飞. 2008. 牛乳中细菌的检查. 中国农学通报，24(2):121-124

方中达. 1998. 植病研究方法. 第3版. 北京：中国农业出版社

黄秀梨，辛明秀. 2008. 微生物学实验指导. 第2版. 北京：高等教育出版社

李阜棣，喻子牛，何绍江.1996. 农业微生物学实验技术. 北京：中国农业出版社

李顺鹏. 2003. 微生物学实验指导. 北京：中国农业出版社

林稚兰，黄秀梨. 2000. 现代微生物学与实验技术. 北京：科学出版社

刘慧. 2008. 现代食品微生物学实验技术. 北京：中国轻工业出版社

刘进元. 2002. 分子生物学实验指导. 北京：清华大学出版社

刘国生. 2007. 微生物学实验技术. 北京：科学出版社

刘祖洞，江绍慧. 1987. 遗传学实验. 北京：高等教育出版社

钱存柔，黄秀仪. 2008. 微生物学实验教程. 第2版. 北京：北京大学出版社

沈萍，范秀容，李广武. 1999. 微生物学实验. 第3版. 北京：高等教育出版社

沈萍，陈向东. 2007. 微生物学实验. 北京：高等教育出版社

施巧琴，吴松刚. 2009. 工业微生物育种学. 第3版. 北京：科学出版社

王波. 2004. 图说食用菌制种关键技术. 北京：金盾出版社

王波. 2008. 图说平菇高效栽培关键技术. 北京：金盾出版社

魏群. 2007. 分子生物学实验指导. 北京：高等教育出版社

魏春红，李毅. 2006. 现代分子生物学实验技术. 北京：高等教育出版社

肖美燕，蔡雪阳. 2007. 乳酸菌的分离及抑菌能力的初步研究. 食品工程, (4):48-49

熊元林. 2008. 微生物学实验. 武汉：华中师范大学出版社

徐克前. 2003. 分子生物学检验技术实验指导. 北京：人民卫生出版社

杨革. 2004. 微生物学实验教程. 北京：科学出版社

杨文博. 2004. 微生物学实验. 北京：化学工业出版社

杨安钢，毛积芳，药立波. 2001. 生物化学与分子生物学实验技术. 北京：高等教育出版社

周德庆. 1983. 微生物学实验手册. 上海：上海科技出版社

周德庆. 2002. 微生物学教程. 第2版. 北京：高等教育出版社

张玲. 2007. 微生物学实验指导. 北京：北京交通大学出版社

张松. 2000. 食用菌学. 广州：华南理工大学出版社

张秀红，刘婷婷. 2010. 具广谱抑菌活性乳酸菌的筛选. 乳业科学与技术, (2):56-59

钟卫鸿. 2007. 基因工程技术实验指导. 北京：化学工业出版社

赵斌，何绍江. 2002. 微生物学实验. 北京：科学出版社

朱旭芬. 2006. 基因工程实验指导. 北京：高等教育出版社

诸葛健，王正祥. 1994. 工业微生物实验手册. 北京：中国轻工业出版社

Mullis K, Falcoma F, Scharf S, et al. 1986. Specific enzymatic amplication of DNA in vitro: the polymerase chain reaction. Cold Spring Harbor Symp Quant Biol, 51: 263-273

附　　录

附录I　常用的微生物名称

Aspergillus niger	黑曲霉
Aspergillus sp.	曲霉
Aspergillus flavus	黄曲霉
Aspergillus parasiticus	寄生曲霉
Alcaligenes faecalis	粪产碱杆菌
Azotobacter chroococcum	褐球固氮菌
Bacillus cereus	蜡状芽孢杆菌
Bacillus mucilaginosus	胶质芽孢杆菌
Bacillus mycoides	蕈状芽孢杆菌
Bacillus subtilis	枯草芽孢杆菌
Bacillus sphaericus	球形芽孢杆菌
Bacillus stearothermophilus	嗜热脂肪芽孢杆菌
Bacillus thuringiensis	苏云金芽孢杆菌
Candida albicaus	白假丝酵母
Ceotrichum candidum	白地霉
Clostridium butyricum	丁酸梭菌
Corynebacterium xerosis	干燥棒杆菌
Escherichia coli	大肠杆菌
Enterobacter aerogenes	产气肠杆菌
Halobacterium salinarium	盐沼盐杆菌
Halobacterium halobium	盐生盐杆菌
Influenza virus A	甲型流感病毒
Lactobacillus bulgaricus	保加利亚乳杆菌
Micrococcus luteus	藤黄微球菌
Mucor sp.	毛霉
Mycobacteium phlei	草分枝杆菌
Newcastle-disease virus	鸡新城疫病毒

Penicillium sp.	青霉
Penicillium chrysogenum	产黄青霉
Penicillium griseofulvum	灰黄青霉
Pleurotus ostreatus	侧耳(平菇)
Proteus vulgaris	普通变形杆菌
Pseudomonas sp.	假单胞杆菌
Pseudomonas aeruginosa	铜绿假单胞杆菌
Pseudomonas savastanoi	撒氏假单胞杆菌
Rhizopus sp.	根霉
Saccharomyces carlsbergensis	卡尔酵母(啤酒酵母)
Saccharomyces cerevisiae	酿酒酵母
Serratia marcescens	黏质沙雷氏菌
Staphylococcus albus	白色葡萄球菌
Staphylococcus aureus	金黄色葡萄球菌
Streptomyces fradiae	弗氏链霉菌
Streptomyces glauca	青色链霉菌
Streptomyces griseus	灰色链霉菌
Streptomyces microflavus (5406)	细黄链霉菌(5406 放线菌)
Vaccinia virus	痘苗病毒(牛痘病毒)

附录 II 常用培养基配方

1. 牛肉膏蛋白胨培养基(培养细菌用)

牛肉膏 3g，蛋白胨 10g，NaCl 5g，琼脂 15~20g，水 1000ml，pH 7.0~7.2，121℃灭菌 20min。

2. 高氏(Gause) I 号培养基(培养放线菌用)

可溶性淀粉 20g，KNO_3 1g，NaCl 0.5g，K_2HPO_4 0.5g，$MgSO_4$ 0.5g，$FeSO_4$ 0.01g，琼脂 20g，水 1000ml，pH 7.4~7.6。

配制时，先用少量冷水将淀粉调成糊状，倒入煮沸的水中在火上加热，边搅拌边加入其他成分，溶化后补足水分至 1000ml，121℃灭菌 20min。

3. 察氏(Czapek)培养基(培养霉菌用)

$NaNO_3$ 2g，K_2HPO_4 1g，KCl 0.5g，$MgSO_4$ 0.5g，$FeSO_4$ 0.01g，蔗糖 30g，琼脂 15~20g，水 1000ml，pH 自然，121℃灭菌 20min。

4. 马丁氏(Martin)琼脂培养基(分离真菌用)

葡萄糖 10g，蛋白胨 5g，KH_2PO_4 1g，$MgSO_4 \cdot 7H_2O$ 0.5g，1/3000 孟加拉红(rose Bengal，玫瑰红水溶液) 100ml，琼脂 15~20g，pH 自然，蒸馏水 800ml，121℃灭菌 30min。临用前加入 0.03%链霉素稀释液 100ml，使每毫升培养基中含链霉素 30 μg。

5. 马铃薯蔗糖琼脂培养基(PDA，培养真菌用)

马铃薯 200g，蔗糖(或葡萄糖) 20g，琼脂 15~20g，水 1000ml，pH 自然。马铃薯去皮，切成块煮沸 30min，然后用纱布过滤，再加糖及琼脂，溶化后补足水至 1000ml，121℃灭菌 30min。

6. 麦芽汁琼脂培养基

(1) 取大麦或小麦若干，用水洗净，浸水 6~12h，置 15℃阴暗处发芽，上盖纱布一块，每日早、中、晚各淋水一次。麦根伸长至麦粒的两倍时，即停止发芽，摊开晒干或烘干，储存备用。

(2) 将干麦芽磨碎，1 份麦芽加 4 份水，在 65℃水浴锅中糖化 3~4h，糖化程度可用碘滴定之。

(3) 将糖化液用 4~6 层纱布过滤，滤液如浑浊不清，可用鸡蛋清澄清。方法是将一个鸡蛋清加水约 20ml，调匀至生泡沫时为止，然后倒在糖化液中搅拌煮沸后再过滤。

(4) 将滤液稀释到 5~6 波美度，pH 约 6.4，加入 2%琼脂即成，121℃灭菌 20min。

7. 半固体牛肉膏蛋白胨培养基

牛肉膏蛋白胨液体培养基 100ml，琼脂 0.35~0.4g，pH 7.6，121℃灭菌 20min。

8. 合成培养基

$(NH_4)_3PO_4$ 1g，KCl 0.2g，$MgSO_2·7H_2O$ 0.2g，豆浆汁 10ml，琼脂 20g，蒸馏水 1000ml，pH 7.0。

加 12ml 0.04%的溴甲酚紫(pH 5.2~6.8，颜色由黄变紫，作指示剂)，121℃灭菌 20min。

9. 豆芽汁蔗糖(或葡萄糖)培养基

黄豆芽 100g，蔗糖(或葡萄糖)50g，水 1000ml，pH 自然。

称新鲜豆芽 100g，放入烧杯中，加水 1000ml，煮沸约 30min，用纱布过滤。用水补足原量，再加入蔗糖(或葡萄糖)50g，煮沸溶化，121℃灭菌 20min。

10. 油脂培养基

蛋白胨 10g,，牛肉膏 5g，NaCl 5g，香油或花生油 10g，1.6%中性红水溶液 1ml，琼脂 15~20g，蒸馏水 1000ml，pH 7.2，121℃灭菌 20min。

注意：①不能使用变质油；②油和琼脂及水先加热；③调好 pH 后，再加入中性红；④分装时，需不断搅拌，使油均匀分布于培养基中。

11. 淀粉培养基

蛋白胨 10g，NaCl 5g，牛肉膏 5g，可溶性淀粉 2g，蒸馏水 1000ml，琼脂 15~20g，pH 7.2，121℃灭菌 20min。

12. 明胶培养基

牛肉膏蛋白胨液 1000ml，明胶 12~18g，pH 7.2~7.4。

在水浴锅中将上述成分溶化，不断搅拌，溶化后调 pH 7.2~7.4，121℃灭菌 20min。

13. 蛋白胨液体培养基

蛋白胨 10g，NaCl 5g，蒸馏水 1000ml，pH 7.6，121℃灭菌 20min。

14. 糖发酵培养基

蛋白胨液体培养基 1000ml，1.6%溴甲酚紫乙醇溶液 1~2ml，pH 7.6。

另配 20%糖溶液(葡萄糖、乳糖、蔗糖)各 10ml。制法：①将上述含指示剂的蛋白胨液体培养基(pH 7.6)分装于试管中，在每管内放一倒置的小玻璃管(Der-ham tube)，使其充满培养液；②将已分装好的蛋白胨液体培养基和 20%的各种糖溶液分别灭菌，蛋白胨液体培养基 121℃灭菌 20min，糖溶液 121℃灭菌 30min；③灭菌后，每管以无菌操作分别加入 20%的无菌糖溶液 0.5ml，即按每 10ml 培养基中加入 20%的糖液 0.5ml，则成 1%的浓度。

配制用的试管必须洗干净，避免结果混乱。

15. 葡萄糖蛋白胨液体培养基

蛋白胨 5g，葡萄糖 5g，K_2HPO_4 2g，蒸馏水 1000ml。

将上述各成分溶于 1000ml 水中，调 pH 7.0~7.2，过滤。分装试管，每管 10ml,

121℃灭菌 30min。

16. 麦氏(Meclary)琼脂(酵母菌)

葡萄糖 1g，KCl 1.8g，酵母膏 2.5g，乙酸钠 8.2g，琼脂 15~20g，蒸馏水 1000ml，pH 自然，113℃灭菌 20min。

17. 柠檬酸盐培养基

$NH_4H_2PO_4$ 1g，K_2HPO_4 1g，NaCl 5g，$MgSO_4$ 0.2g，柠檬酸钠 2g，琼脂 15~20g，蒸馏水 1000ml，1%溴香草酚蓝乙醇溶液 10ml。

将上述各成分加热溶解后，调 pH 至 6.8，然后加入指示剂，摇匀，用脱脂棉过滤。制成后为黄绿色，分装试管，121℃灭菌 20min 后制成斜面。注意：配制时控制好 pH，不要过碱，以黄绿色为准。

18. 乙酸铅培养基

pH 7.4 的牛肉膏蛋白胨琼脂 100ml，硫代硫酸钠 0.25g，10%乙酸铅水溶液 1ml。将牛肉膏蛋白胨琼脂培养基 100ml 加热溶解，待冷却至 60℃时加入硫代硫酸钠 0.25g，调 pH 至 7.2，分装于三角瓶中，115℃灭菌 15min。取出后待冷却至 55~60℃，加入灭菌的 10%乙酸铅水溶液 1ml，混匀后倒入灭菌试管或平板中。

19. 血琼脂培养基

pH 7.6 的牛肉膏蛋白胨琼脂 100ml，脱纤维羊血(或兔血)10ml。

将牛肉膏蛋白胨琼脂加热熔化，待冷却至 50℃时，加入无菌脱纤维羊血(或兔血)摇匀后倒平板或制成斜面，37℃过夜检查无菌生长即可使用。

20. 玉米粉蔗糖培养基

玉米粉 60g，KH_2PO_4 3g，维生素 B_1 100mg，蔗糖 10g，$MgSO_4·7H_2O$ 1.5g，蒸馏水 1000ml，121℃灭菌 30min，维生素 B_1 单独灭菌 15min 后另加。

21. 酵母膏麦芽汁琼脂

麦芽粉 3g，酵母膏 0.1g，水 1000ml，121℃灭菌 20min。

22. 玉米综合培养基

玉米粉 5g，酵母膏 0.3g，KH_2PO_4 0.3g，葡萄糖 1g，$MgSO_4·7H_2O$ 0.15g，蒸馏水 1000ml，121℃灭菌 30min。

23. 复红亚硫酸钠培养基(远藤氏培养基)

蛋白胨 10g，乳糖 10g，K_2HPO_4 3.5g，琼脂 20~30g，蒸馏水 1000ml，无水亚硫酸钠 5g 左右，5%碱性复红乙醇溶液 20ml。

先将琼脂加入 900ml 蒸馏水中，加热溶解再加入磷酸氢二钾及蛋白胨，使其溶解，补足蒸馏水至 1000ml，调 pH 至 7.2~7.4。加入乳糖，混匀溶解后，115℃灭菌 20min。称取亚硫酸钠置一无菌空试管中，加入无菌水少许使其溶解，再在水浴中煮沸 10min 后，立刻滴加于 20ml 5%碱性复红乙醇溶液中，直至深红色退成淡粉红色为止。将此亚硫酸钠与碱性复红的混合液全部加至上述已灭菌的并保持溶化状态的培养基中，充分混匀，倒平板，放冰箱备用。储存时间不宜超过 2 周。

24. 伊红美蓝培养基(EMB 培养基)

蛋白胨水琼脂培养基 100ml，20%乳糖溶液 2ml，2%伊红水溶液 2ml，0.5%美蓝水溶液 1ml。

将已灭菌的蛋白胨水琼脂培养基(pH 7.6)加热溶化，冷却至 60℃左右时，再把已灭菌的乳糖溶液、伊红水溶液及美蓝水溶液按上述量以无菌操作加入，摇匀后立即倒平板。乳糖在高温灭菌时易被破坏，必须严格控制灭菌温度，115℃灭菌 20min。

25. 乳糖蛋白胨培养液

蛋白胨 10g，牛肉膏 3g，乳糖 5g，NaCl 5g，1.6%溴甲酚紫乙醇溶液 1ml，蒸馏水 1000ml。

将蛋白胨、牛肉膏、乳糖及 NaCl 加热溶解于 1000ml 蒸馏水中，调 pH 至 7.2~7.4。加入 1.6%溴甲酚紫乙醇溶液 1ml，充分摇匀，分装于有小倒管的试管中，115℃灭菌 20min。

26. 石蕊牛奶培养基

牛奶粉 100g，石蕊 0.075g，水 1000ml，pH 6.8，121℃灭菌 15min。

27. LB (Luria-Bertani) 培养基

蛋白胨 10g，酵母膏 5g，NaCl 10g，蒸馏水 1000ml，pH 7.0，121℃灭菌 20min。

28. 基本培养基

K_2HPO_4 10.5g，KH_2PO_4 4.5g，$(NH_4)_2SO_4$ 1g，柠檬酸钠 0.5g，蒸馏水 1000ml，121℃灭菌 20min。

以下在需要时灭菌后加入：

糖(20%) 10ml

维生素 B_1(硫胺素)(1%)　　0.5ml

$MgSO_4 \cdot 7H_2O$　(20%)　　1ml

链霉素(50mg/ml)4ml，终浓度 200 μg/ml

氨基酸(10mg/ml)4ml，终浓度 40 μg/ml

pH 自然(约 7.0)

29. 乳糖牛肉膏蛋白胨培养基

乳糖 5g，牛肉膏 5g，酵母膏 5g，蛋白胨 10g，葡萄糖 10g，NaCl 5g，琼脂粉 15g，pH 6.8，水 1000ml。

30. 马铃薯牛乳培养基

200g 马铃薯(去皮)煮出汁，加脱脂鲜乳 100ml、酵母膏 5g、琼脂粉 15g，加水至 1000ml，pH 7.0。制平板培养基时，牛乳与其他成分分开灭菌，倒平板前再混合。

31. 尿素琼脂培养基

尿素 20g，琼脂 15g，NaCl 5g，KH_2PO_4 2g，蛋白胨 1g，酚红 0.012g，蒸馏水 1000ml，pH 6.8±0.2。

在 100ml 蒸馏水或去离子水中，加入上述所有成分(除琼脂外)混合均匀，过滤灭菌。将琼脂加入 900ml 蒸馏水或去离子水，加热煮沸，0.1 MPa、121℃灭菌 15min。冷却至 50℃，加入灭菌的基本培养基，混匀后，分装于灭菌的试管中，放在倾斜位置上使其凝固。

32. BCG 牛乳培养基(用于乳酸发酵)

A 溶液：脱脂乳粉 100g，水 500ml，加入 1.6%溴甲酚绿(BC)、乙醇溶液 1ml，80℃灭菌 20min。

B 溶液：酵母膏 10g，水 500ml，琼脂 20g，pH 6.8，121℃灭菌 20min。

以无菌操作趁热将 A、B 溶液混合均匀后倒平板。

33. 乳酸菌培养基(用于乳酸发酵)

牛肉膏 5g，酵母膏 5g，蛋白胨 10g，葡萄糖 10g，乳糖 5g，NaCl 5g，水 1000ml，pH 6.8，121℃湿热灭菌 20min。

34. Ames 实验用培养基

(1) 底层培养基：葡萄糖 20g，柠檬酸 2g，$K_2HPO_4 \cdot 3H_2O$ 3.5g，$MgSO_4 \cdot 7H_2O$ 0.02g，琼脂(优质)12g，蒸馏水 1000ml，pH 7.0，0.056 MPa 灭菌 15min，需要 1000ml。

(2) 组氨酸-生物素混合液：称 31mg L-盐酸组氨酸和 49mg 生物素溶于 40ml 蒸馏水中，备用。

(3) 上层培养基：氯化钠 0.5g，优质琼脂 0.6g，加 90ml 蒸馏水加热溶化后定容，然后加入 10ml 组氨酸-生物素混合液，摇匀后分装小试管 80 支，每支 3ml，0.056 MPa 灭菌 15min，需要 250ml。

(4)“素琼脂”：氯化钠 0.5g，优质琼脂 0.6g，90ml 蒸馏水，溶化后定容。分装小试管 25 支，每支 3ml，0.056 MPa 灭菌 15min，需要 100ml。

(5) 肉汤培养基：牛肉膏 3g，蛋白胨 10g，氯化钠 5g，琼脂 20g，蒸馏水 1000ml，调节 pH 至 7.2~7.4，0.1MPa 灭菌 20min，需要 500ml。

(6) 肉汤培养液：在肉汤培养基尚未加琼脂前，分装 10 支试管，每支 5ml。

35. M9 培养基

20%葡萄糖 2ml，5×M9 盐溶液 20ml，加蒸馏水至 100ml，0.1MPa 灭菌 20min。5×M9 盐溶液配制：$Na_2HPO_4 \cdot 7H_2O$ 6.4g，KH_2PO_4 1.5g，NaCl 0.25g，NH_4Cl 0.5g，加蒸馏水至 100ml。

附录 III 常用试剂和溶液的配制

1. 3%酸性乙醇溶液

浓盐酸	3ml
95%乙醇	97ml

2. 中性红指示剂

中性红	0.04g
95%乙醇	28ml
蒸馏水	72ml

中性红 pH 6.8~8，颜色由红变黄，常用浓度为 0.04%。

3. 淀粉水解实验用碘液(卢戈氏碘液)

碘片	1g
碘化钾	2g
蒸馏水	300ml

4. 溴甲酚紫指示剂

溴甲酚紫	0.04g
0.01mol/L NaOH	6.4ml

溴甲酚紫 pH 5.2~6.8，颜色由黄变紫，常用浓度为 0.04%。

5. 溴麝香草酚蓝指示剂

溴麝香草酚蓝	0.04g
0.01mol/L NaOH	6.4ml
蒸馏水	93.6ml

溴麝香草酚蓝 pH 6.0~7.6，颜色由黄变蓝，常用浓度为 0.04%。

6. 甲基红试剂

甲基红(methyl red)	0.04g
95%乙醇	60ml
蒸馏水	40ml

先将甲基红溶于 95%乙醇中，然后加入蒸馏水即可。

7. VP 试剂

(1) 5%α-萘酚无水乙醇溶液

α-萘酚	5g
无水乙醇	100ml

(2) 40%KOH 溶液

KOH	40g

蒸馏水 100ml

8. 吲哚试剂

对二甲基氨基苯甲醛 2g

95%乙醇 190ml

浓盐酸 40ml

9. 格里斯氏(Griess)试剂

(1) A 液

对氨基苯磺酸 0.5g

10%稀乙酸 150ml

(2) B 液

α-萘胺 0.1g

蒸馏水 20ml

10%稀乙酸 150ml

10. 二苯胺试剂

对苯胺 0.5g 溶于 100ml 浓硫酸中，用 20ml 蒸馏水稀释。

11. 阿氏(Alsever)血液保存液

柠檬酸钠 8g

柠檬酸 0.5g

无水葡萄糖 18.7g

NaCl 4.2g

蒸馏水 1000ml

将各成分溶解于蒸馏水中，用滤纸过滤，分装，115℃灭菌 20min，冰箱中保存备用。

12. 肝素溶液

用生理盐水将肝素分别稀释成 25 U/ml 和 200 U/ml，配好后，115℃高压灭菌 10min，置 4℃下备用。大约 12.5 单位肝素可抗凝 1ml 全血。

13. pH 8.5 离子强度 0.075mol/L 巴比妥缓冲液

巴比妥 2.76g

巴比妥钠 15.45g

蒸馏水 1000ml

14. 1%离子琼脂

琼脂粉 1g

巴比妥缓冲液 50ml

蒸馏水 50ml

1%硫柳汞 1 滴

称取琼脂粉 1g 先加至 50ml 蒸馏水中。于沸水浴中加热溶解，然后加入 50ml 巴比妥缓冲液；再滴加 1 滴 1%硫柳汞溶液防腐，分装于试管内，放冰箱备用。

15. 质粒制备、转化和染色体 DNA 提取的溶液配制

(1) 溶液 I

葡萄糖	50mol/L
Tris-HCl(pH 8.0)	25mol/L
EDTA	10mol/L

溶液可配制 100ml，121℃灭菌 15min，4℃储存。

(2) 溶液 II (新鲜配制)

NaOH	0.2mol/L
SDS	1%

(3) 溶液 III (100ml，pH 4.8)

5mol/L KAc	60ml
冰醋酸	11.5ml
水	28.5ml

配制好的溶液 III 含 3mol/L 钾盐，5mol/L 乙酸。

(4) 溶液 IV

酚：氯仿：异戊醇=25：24：1

(5) TE 缓冲液

Tris-HCl (pH 8.0)	10mmol/L
EDTA (pH 8.0)	1mmol/L

121℃灭菌 15min，4℃储存。

(6) TAE 电泳缓冲液(50 倍浓储存液 100ml)

Tris 碱	242g
冰醋酸	57.1ml
0.5mol/L EDTA (pH 8.0)	100ml

使用时用双蒸水稀释 50 倍。

(7) 凝胶加样缓冲液 100ml

溴酚蓝	0.25g
蔗糖	40g

(8) 1mg/ml 溴化乙锭(ethidium bromide，EB)

溴化乙锭	100mg
双蒸水	100ml

溴化乙锭是强诱变剂，配制时要戴手套，一般由教师配制好，盛于棕色试剂瓶，避光 4℃储存。

(9) 5mol/L NaCl

在 800ml 水中溶解 292.2g NaCl 加水定容到 1L，分装后高压灭菌。

(10) CTAB/ NaCl

溶解 4.1g NaCl 于 80ml 水中，缓慢加 CTAB(hexadecyltrimethyl ammonium bromide)，边加热边搅拌，如果需要，可加热到 65℃使其溶解，调最终体积到 100ml。

(11) 蛋白酶 K (20mg/ml)

将蛋白酶 K 溶于无菌双蒸水或 5mmol/L EDTA，0.5%SDS 缓冲液中。

(12) 1mol/L $CaCl_2$

在 200ml 双蒸水中溶解 54g $CaCl_2·6H_2O$，用 0.22 μm 滤膜过滤除菌，分装成 10ml 小份，储存于−20℃。

制备感受态时，取出一小份解冻，并用双蒸水稀释至 100ml，用 0.45 μm 的滤膜除菌，然后骤冷至 0℃。

16. Hanks 液

以下化学药品均要求化学纯。

(1) 母液甲

A 液：NaCl 160g，KCl 4g，$MgCl_2·6H_2O$ 2g，$MgSO_4·7H_2O$ 2g，加蒸馏水 800ml。

B 液：$CaCl_2$ 溶于 100ml 双蒸水中。

A 液与 B 液混合，加蒸馏水至 1000ml，加氯仿 2ml，4℃保存。

(2) 母液乙

$Na_2HPO_4·12H_2O$ 3.04g，KH_2PO_4 1.2g，0.4%酚红溶液 20g。

加双蒸馏水至 1000ml，加氯仿 2ml，4℃保存，或 115℃高压灭菌 10min 后保存。

(3) 使用液

取甲、乙母液各 100ml 混合，加双蒸水 1800ml，分装小瓶，115℃10min 灭菌，保存于 4℃下备用。

17. 其他细胞悬液的配制

(1) 1%鸡红细胞悬液

取鸡翼下静脉或心脏血，注入含灭菌阿氏液的玻璃瓶内，使血与阿氏液比例为 1∶5，放冰箱中保存 2~4 周，临用前取出适量鸡血，用无菌生理盐水洗涤，离心，倾去生理盐水，如此反复洗涤 3 次，最后一次离心使其成积压红细胞，然后用生理盐水配成 1%，供吞噬试验用。

(2) 白色葡萄球菌菌液

白色葡萄球菌接种于肉汤培养基中，37℃温箱培养 12h 左右，置 100℃水浴中加热，10min 杀死细菌，用无菌生理盐水配制成每毫升含 6 亿个细胞，分装于小瓶内，置冰箱保存备用。

18. 分离、纯化含酚污水降解菌试验用试剂

(1) 0.1mol/L 溴酸钾-溴化钾溶液

称取 2.784g 干燥的溴酸钾($KBrO_3$，AR)及 10g 溴化钾(KBr，AR)溶于蒸馏水中，并定容至 1000ml。

(2) 2% 4-氨基安替比林溶液

称取 2g 4-氨基安替比林，溶于蒸馏水中，用蒸馏水定容至 100ml，储存于棕色瓶中，此溶液只能保存一周，最后临时配制。

(3) 0.1000mol/L 硫代硫酸钠溶液

1) 配制：精确称取 24.8g 硫代硫酸钠($Na_2S_2O_3 \cdot 5H_2O$，AR)，溶解于煮沸后冷却的蒸馏水中，并定容至 1000ml。储于棕色瓶中，用重铬酸钾标定。

2) 标定 A. 精确称取已在 105℃干燥过的重铬酸钾($K_2Cr_2O_7$，基准试剂) 0.10~0.15g 三份(每份重量应消耗 $Na_2S_2O_3 \cdot 5H_2O$ 溶液 20~30ml)，分别放入 250ml 碘量瓶中，加入 20~30ml 蒸馏水使其溶解。再加入 1g 固体碘化钾和 2mol/L 盐酸溶液 15ml。加塞，充分混合后，放置暗处 5min，然后加入 100ml 蒸馏水。

B. 用 0.1mol/L 硫代硫酸钠溶液滴定，当溶液由棕色变为浅黄色后，加入 2ml 1%淀粉液，继续滴定至溶液刚刚转变为亮绿色为止。

C. 记录硫代硫酸钠用量，用同样的方法进行第二、第三份溶液的滴定。

滴定反应：　$K_2Cr_2O_7 + 6I^- + 14H^+ \longrightarrow 2K^+ + 2Cr^{3+} + 3I_2 + 7H_2O$

$$I_2 + 2S_2O_3^{2-} \longrightarrow 2I^- + S_4O_6^{2-}$$

$Na_2S_2O_3$ 溶液的摩尔浓度按下式计算：

$$N = \frac{W}{\frac{K_2Cr_2O_7}{6000}V}$$

式中，N 为 $Na_2S_2O_3$ 溶液的摩尔浓度；W 为 $K_2Cr_2O_7$ 的重量(g)；V 为滴定时所用 $Na_2S_2O_3$ 溶液体积(ml)；$K_2Cr_2O_7/6000$ 为 $K_2Cr_2O_7$ 的毫摩尔数。

(4) 20%氨性氯化铵缓冲液(pH 9.8)

称取 20g 氯化铵(NH_4Cl，AR)，溶解于浓氨水中，用浓氨水定容至 100ml，此液 pH 9.8，储存于具橡皮塞的瓶中，在冰箱内保存备用。

(5) 1%淀粉溶液

称取可溶性淀粉 1g，先用少量蒸馏水调成糊状，倾入煮沸的蒸馏水中，定容至 100ml。

19. Ames 实验所用试剂

(1) 亚硝基胍(NTG)，分别将 50mg/ml、250mg/ml、500mg/ml 亚硝基胍用甲酰胺 0.05ml 助溶后，以 pH 6 的 0.1mol/L 磷酸缓冲液配制。

(2) 氨苄青霉素 8mg/ml，用 0.2mol/L 的 NaOH 配制。

(3) 黄曲霉素 B_1 50mg/ml、5mg/ml。

(4) 结晶紫 1mg/ml。

(5) 生理盐水配 150ml。

(6) 氯化钾 0.15mol/L，配 500ml。

20. 0.05%溴麝香草酚蓝溶液(氨基氮测定用)

称 0.05g 溴麝香草酚蓝，溶于 100ml 20%乙醇中。

21. 0.5%酚酞溶液(氨基氮测定用)

称 0.5g 酚酞，溶于 100ml 60%乙醇中。

22. 斐林试剂甲液(还原糖测定试剂)

精确称取 $CuSO_4 \cdot 5H_2O$ 15g，次甲基蓝 0.05g，用蒸馏水溶解后，于 500ml 容量瓶中加蒸馏水定容。

23. 斐林试剂乙液(还原糖测定试剂)

精确称取酒石酸钾钠 50g，氢氧化钠 54g，亚铁氰化钾 4g，溶解后定容至 500ml。

24. 0.1%标准葡萄糖液

精确称取预先在 105℃干燥至恒重的无水葡萄糖(AR) (1.000±0.002)g，用蒸馏水溶解后，于 1000ml 容量瓶中加蒸馏水定容。

25. 中性甲醛溶液(氨基氮测定用)

量取甲醛溶液 50ml，加 0.5%酚酞溶液约 3ml，滴加 0.100mol/L NaOH 溶液，使甲醛溶液呈微粉红即可。使用前临时配制。

26. 0.100mol/L NaOH 溶液

称取 0.4g 干燥的 NaOH，定容至 100ml，然后以 0.100mol/L 盐酸标定液标定，准确调整其浓度至 0.100mol/L。

附录 IV 常用染色液的配制

1. 吕氏(Loeffler)碱性美蓝染液

A 液：	美蓝(methylene blue)	0.6g
	95%乙醇	30ml
B 液：	KOH	0.01g
	蒸馏水	100ml

分别配制 A 液和 B 液，配好后混合即可。

2. 齐氏(Ziehl)石炭酸复红染色液

A 液：	碱性复红(basic fuchsin)	0.3g
	95%乙醇	10ml
B 液：	石炭酸	5.0g
	蒸馏水	95ml

将碱性复红在研钵中研磨后，逐渐加入 95%乙醇，继续研磨使其溶解，配成 A 液。将石炭酸溶解于水中，配成 B 液。混合 A 液及 B 液即成。通常可将此混合液稀释 5~10 倍使用，稀释液易变质失效，一次不宜多配。

3. 革兰氏(Gram)染色液

(1) 乙二酸铵结晶紫染液

A 液：	结晶紫(crystal violet)	2g
	95%乙醇	20ml
B 液：	乙二铵(ammonium oxalate)	0.8g
	蒸馏水	80ml

混合 A 液、B 液，静置 48h 后使用。

(2) 卢戈氏(Lugol)碘液

碘片	1.0g
碘化钾	2.0g
蒸馏水	300ml

先将碘化钾溶解在少量水中，再将碘片溶解在碘化钾溶液中，待碘全溶后，加足水分即成。

(3) 95%乙醇溶液

(4) 番红复染液

番红(safranine O)	2.5g
95%乙醇	100ml

将上述配好的番红乙醇溶液 10ml 与 80ml 蒸馏水混匀即成。

4. 芽孢染色液

(1) 孔雀绿染液

孔雀绿(malachite green)	5g
蒸馏水	100ml

(2) 番红水溶液

番红	0.5g
蒸馏水	100ml

(3) 苯酚品红溶液

碱性品红	11g
无水乙醇	100ml

取上述溶液 10ml 与 100ml 5%苯酚溶液混合，过滤备用。

(4) 黑色素(nigrosin)溶液

水溶性黑色素	10g
蒸馏水	100ml

称取 10g 黑色素溶于 100ml 蒸馏水中，置沸水浴中 30min 后，滤纸过滤 2 次，补加水到 100ml，加 0.5ml 甲醛，备用。

5. 荚膜染色液

(1) 黑色素水溶液

黑色素	5g
蒸馏水	100ml
福尔马林 (40%甲醛)	0.5ml

将黑色素在蒸馏水中煮沸 5min，然后加入福尔马林作防腐剂。

(2) 番红染液

与革兰氏染液中番红染液相同。

6. 鞭毛染色液

A 液：	单宁酸	1g
	$FeCl_3$	1.5g
	蒸馏水	100ml
	福尔马林 (15%)	2.0ml
	NaOH(1%)	1.0ml

配好后，当日使用，次日效果差，第三天则不宜使用。

B 液：	$AgNO_3$	2g
	蒸馏水	100ml

待 $AgNO_3$ 溶解后，取出 10ml 备用，向其余的 90ml $AgNO_3$ 中滴入浓 NH_4OH，使之成为很浓厚的悬浮液，再继续滴加 NH_4OH，直到新形成的沉淀又重新刚刚溶

解为止。再将备用的 10ml $AgNO_3$ 慢慢滴入，则出现薄雾，但轻轻摇动后，薄雾状沉淀又消失，再滴入 $AgNO_3$，直到摇动后仍呈现轻微而稳定的薄状沉淀为止。如所呈雾不重，此染剂可使用一周；如雾重，则银盐沉淀析出，不宜使用。

7. 富尔根核染色液

(1) 席夫(Schiff)试剂

将 1g 碱性复红加入 200ml 煮沸的蒸馏水中，振荡 5min，冷却至 50℃左右过滤，再加入 1mol/L HCl 20ml，摇匀。待冷却至 25℃时，加 $Na_2S_2O_5$(偏重亚硫酸钠)3g，摇匀后装在棕色瓶中，用黑纸包好，置暗处过夜，此时试剂应为淡黄色(如为粉红色则不能用)，再加中性活性炭过滤，滤液振荡 1min 后，再过滤，将此滤液置冷暗处备用(注意：过滤需在避光条件下进行)。

在整个操作过程中使用的一切器皿都需十分洁净、干燥，以消除还原性物质。

(2) Schandium 固定液

A 液：饱和升汞水溶液

50ml 升汞水溶液与 95%乙醇 25ml 混合即得。

B 液：冰醋酸

取 A 液 9ml+B 液 1ml，混匀后加热至 60℃。

(3) 亚硫酸水溶液

10%偏重亚硫酸钠水溶液 5ml，1mol/L HCl 5ml，加蒸馏水 100ml 混合即得。

8. Bouin 固定液

苦味酸饱和水溶液	75ml
福尔马林(40%甲醛)	25ml
冰醋酸	5ml

1g 苦味酸可制成 75ml 饱和水溶液。

先将苦味酸溶解成水溶液，然后再加入福尔马林和冰醋酸摇匀即成。

9. 乳酸石炭酸棉蓝染色液

石炭酸	10g
乳酸(相对密度 1.21)	10ml
甘油	20ml
蒸馏水	10ml
棉蓝(cotton blue)	0.02g

将石炭酸加在热蒸馏水中加热溶解，然后加入乳酸和甘油，最后加入棉蓝，使其溶解即成。

10. 瑞氏(Wright)染色液

瑞氏染料粉末	0.3g
甘油	3ml
甲醇	97ml

将染料粉末置于干燥的乳钵内研磨，先加甘油，后加甲醇，放在玻璃瓶中过夜，过滤即可。

11. 美蓝(Levowitz-Weber)染液

在盛有 52ml 95%乙醇和 44ml 四氯乙烷的三角瓶中，慢慢加入 0.69g 氯化美蓝(methylene blue chloride)，旋摇三角瓶，使其溶解。置 5~10℃下 12~14h，然后加入 4ml 冰醋酸。用质量好的滤纸如 Whatman No.42 或与之同质量的滤纸过滤。储存于清洁的密闭容器内。